とまどった生徒に
ゆとりのあった先生方

――遊び心から本当の勉強へ――

伊原康隆

はじめに

自分の体験をもとに日記手紙などで確認しながら書きました。話の中心線は十代の終わり頃までの（海外での寄宿舎生活など）やや変化に富んだ教育環境の描写とその中で自分で感じ自然に心に育った考え方ですが、懐かしいその他の思い出話いくつかと当時の絵日記、写真なども付け加えてみました。

そして多分あまり注目されていなかった視点からの教育への提言も含ませていただきます。実体験は第二次大戦の終戦直後から十五年間位の古い話には違いありませんが、のちに教師（大学ですが）になり「子育て」にもたずさわるうち、これは普遍性のある問題点をいくつか含んでいたのではないか、と考えるようになりました。これを世に問いたいと思ったのが出版の動機です。

教育環境の描写としては、緊張とゆとりの期間が交互にあった状況、そしてとまどっていた自分をゆとりで包んで下さった先生方と級友たちの思い出が中心です。その中の自分はといえば、身体を動かすことは（決して嫌いではなかったが）級友より劣っており頭を使う方でも関連性のない単純暗記は苦手、一方ものの構造や関連性への好奇心は強く、遊び心の「発揮」にかなりの楽しみを見いだしていた、そういう少年でした。勉強もいわば感受性と遊び心次第、好きな科目中心にやっていたのですが、やがて、自分の頭で最初から考えなおすことに喜びと自由を感じてするのが本来の勉強！　と悟りました。それまでの期間、（基礎訓練に加えての）先生方の鷹揚性にどれほど助けられたことか。

前半がエッセイとコラム、後半がアルバム（写真と絵日記などからのスキャン）の二部構成です。

エッセイ　海外を含む複数回の転校を体験した一人の少年（筆者）による、子供目線での学校、先生、友人、特に先生方の描写です。小さな物語のように読んでいただければ幸いです。「子供の眼」を特に尊び、お母様方に警告もしてくださった小学一、二年の先生のことから始め、戦後の貧しい時期に、少しのちには「帰国子女」を、いずれの場合も大きな輪で包んで下さった先生方、肝心なときに肝心な忠告をくれた友人たち、そして前述のように単純暗記は苦手だが関連性などへの好奇心は強かった少年が徐々に「考える人」になり、勉強と生来の遊び心との融和に自由と解放を感じ、少しのちに励まされて数学の研究への道を選んだ、二十歳ごろまでの話です。学校は主には鎌倉、イギリスの片田舎の中学の寄宿舎、そして東京。時代は終戦直後から昭和三十三年頃まで。家庭の話や自身の内省は最小限にしました。「自分史」のつもりではありません。

一見微妙な所にこそ意味と普遍性がありそう、と考え細部まで書いた部分もあります。それ以外にも鎌倉市、地図、数学、化学、音楽など、好きだった場所や科目に関して描写の冗長性を感じられたらどうぞお許し下さい。

コラム のちに教師になってからの目線や観点も含めた、教育にまつわるいくつかの意見や提言を「コラム」として節の終わりに分散して書き加えました。

子供にはなぜ大人に見えないことが見えている？　読書の仕方による集中力と連想力のつき方、西洋と日本の中等文化教育の相違の本質は何で、それから何を学べるか、討論の賢明な進め方への提言、緊張とゆとりの期間の配分のバランス、勉強と受験勉強の相違、などです。

それぞれが短い問題提起だけで十分に意を尽くせませんが、一部はエッセイ部分、一部は拙稿『志学数学』（丸善出版）が背景になっており、またもっと敷衍した原稿を別途準備中です。何らかのご参考になれば大変幸いです。

アルバム　後半の「アルバム」には関連した一部の絵日記をまとめました。小学一年生のクラスの絵日記集「のびてゆく」の一部、特に中村先生の面目躍如たる巻頭と巻末のページ。

そしてイギリスの中学生になった頃の筆者の絵日記から（当時のロンドン風景と寄宿舎に入った頃のもの）。

最後は格別のお世話になったウォーミンスター中学のご夫婦の先生と四十年後に再会できたときの写真で締めさせていただきます。

とまどった生徒にゆとりのあった先生方

目次

第1部　エッセイとコラム

第1部　エッセイとコラム　　目次

《エッセイ》

《コラム》

1　小学校へ

私は昭和十三年生まれです。しばらくは東京で、そして戦争末期近くからは主に母の実家の神奈川県鎌倉市で育てられました。母方では祖母は早世、祖父と叔父はエンジニアで叔父は戦時中は立川の航空基地で兵役でした。父は法科出身の官庁勤めで、たまに鎌倉に帰れる週末以外は東京で仕事に追われていたのだと思います。兄弟は妹二人で下の妹が生まれたのが昭和二十年の終戦の年、東京大空襲のあった三月の下旬でした。戦時中の鎌倉でおぼえているのはその妹が生まれたときの雰囲気、度々の空襲警報、「横浜の空が真っ赤にそまっている」、そして親類縁者の戦死のしらせなどでした。

その昭和二十年春、鎌倉で小学校に入学した直後に（父以外の）家族と共に急遽、疎開することになりました。最初は山梨県塩山町（現：甲州市）の知り合いのところでお世話になり当地の小学校に転入しました。下駄箱でまごついたことと近くに火の見櫓があったことぐらいしか思い出せません。夏からは大菩薩峠登山口近くの雲峰寺というお寺に移動しました。甲府も空襲でやられた、乳飲み子の妹がいた、学校が夏休みに入った、などのためだったのでしょう。

《雲峰寺》塩山の北東のはずれに小田原橋という長い橋があり、白い大石ゴロゴロの笛吹川の支流をそこで渡るのですが、渡り切るとすぐ上流方向に「エーここを登るの?」といいたくなるほど急勾配の登り坂が見えました。それが延々と続いているのです。汗だくでふうふうの中、ときどき立ち止まり、房ごと回されるブドウに大人達も「あーやれやれ、本場のブドウはうまい!」。最後に幽邃な杉木立の下の細くて長い石段を登りきってやっと辿り着いた(裂石山)雲峰寺。ここは武田信玄ゆかりの禅宗のお寺で風林火山の幟や日本最古の日の丸の旗が今も保存されています。仏様のように優しいと評判の和尚さまと気さくな大黒さま、そして元気一杯な子供達がいました。書院造りの二十四畳敷の大部屋を何組かの家族と分割してお借りしたのです。夜一人で洗面所に行くのが怖かったのは、濡れ縁に出ると真っ暗闇の中、申し合わせたように裏山の水車がギギーっときしみ始めることでした。食事はお寺の畠の作物とヤギ乳が中心だったと思います。そしてある日、小高いところのヤギ小屋で「戦争、敗けた」と母から聞かされました。

その秋、戦災を免れた鎌倉に戻り、当時の名称では「神奈川師範学校附属鎌倉小学校」に再入学しました。鶴岡八幡宮の西のわき、広々した校庭の向こうに威風堂々並び立って生徒たちを迎え入れてくれていた木造スレート屋根の二棟、師範学校と附属小学校の校舎群でした。その後の校舎よりはるかに趣がありました。だいたい今の多くの校舎は校門から入ってくる生徒に対して横を向いています。当時の我が校は正面を向いていて生徒たちはかなたに望み見る校舎に向かって心理的にも徐々に近づいて行けたのでした。私の場合は家から片道約五十分の道のりでした。玄関には宮沢賢治の「雨にも負けず、風にも負けず」の詩の額が掛かっていました。二階建てで階段がわりが、踊り場と滑りどめ付きの「スロープ」でした。踊り場の大きな鏡に向かって走り降りて鏡に正面衝突したのは……多分私が空前絶後？

塩山でも鎌倉でも、小学校に転入した最初はガキ大将のグループからいじめの洗礼を受けましたが、一回泣かせて「わーい、泣いた泣いた」と叫んで散って終わり。ただの通過儀礼だったわけでしょう。

《中村先生》各学年、松と竹の二組で、一、二年生のときの私の竹組の担任は図画の中村亭先生でした。教科書は墨で塗りつぶされ、代わりに綴じた手製のガリ版刷りが渡されていました。それについてはあまり憶えていません。一方、宿題の絵日記やクラスの絵日記集の何冊かは手元に残っていますが、そこにはびっくりするほど豊かな季節感があふれ

（上）師範学校（左奥）と附属小学校（手前）
（下）附属小学校全景

ています。時代の相違でしょう。自分のも級友のも。季節感の描写に加えて、家の手伝い、家族の行事、身近な野菜、芋掘り、鶏、猫、鼠、それと米軍のジープの絵など。男の子の遊びは屋内ではビー玉、ベーゴマ、外ではコマ、メンコ、凧揚げ、ゴムまり野球など。凧は手製で、シッポを何度も付け替えてやっと揚がるといった代物でした。同級生同士の交換日記もあって、手元に私が級友からもらったのが十枚ぐらい残っています。薄い古紙の裏に可愛い文字列で「ゲタバコにちゃんといれようね」とか「ヤミイチにヨリミチするのはやめようね」とか。

あるとき母が連絡帳に「うちの子はだらしなくて困る、云々」と書いたら、先生から「小さな大人にしたくない……」と逆に叱られたそうです。母への公平性のため書き添えますとこれは（約十年目のベテランの）先生の基本方針だったようです。一学年の終わりに配られた生徒達の絵日記の抜粋「のびてゆく」を最近読み返してそれを強く感じました。「子供の眼」という題の巻頭言で先生は歌人の五島美代子氏の「空につきぬける道」を引用され、

「子供は母の感傷をけしとばして真実をぢかに見ている」

との警句を、そして巻末の「おかあさまに」では、どういう観点でこの冊子を味わってほしいのか丁寧に説明しておられます。生徒の絵日記を写すのは大変手間のかかる作業だっ

た筈です。先生が書かれた部分と、時代（終戦の年の秋）の雰囲気をそのまま伝えると思われる生徒の絵の一部もスキャンして巻末の写真集に載せました。

二年生のときの絵日記集と比べてみるとまさに「のびてゆく」。私の場合、二年生の冬はコマについて調べたことを詳しく描いて先生に励まされていました。「面白いね」とか、更にやる気を起こさせた「コマの研究はどうなりましたか」とか。軸の下部に墨を塗ってコマが描いた軌跡をとったり、コマの上部に丸い紙（軸部分をくりぬいたもの）を貼り、それを放射状に二、三色に色分けして回し、色が混ざってどう見えたかを写生したのが残っていました。ただし少なくもこのどちらかは何かからヒントをもらったのだったような気がします。

《鎌倉の自然》自然が多く残っていました。実家から材木座海岸までは子供の足でも二十分程度。道路は、乾けば牛馬糞の混ざった土ぼこり、雨後はぬかるみ、肥やしを運ぶリヤカー、米軍ジープ、そして特に早朝の散歩では野犬が沢山うろうろ。噛まれると狂犬病の心配があり、実際一度噛まれました。それは妙本寺という広いお寺の境内ですから、下校時に友達と寄り道をしていたらしく、逃げ遅れて尻を噛まれべそをかきながら帰宅し父母を大いに心配させたようです。さて海岸に近づいて潮風の匂いがはっきり感じられるあたりから松林に入り、地面は砂地になります。サクサクと松林を抜けると海が見え、一気に砂浜を駆け下りて白砂の海岸に。ここは左右の岬で視界が区切られ中央に滑川が注ぐ小さな湾で、中央部の砂浜は小高い松の丘になっていました。沖には伊豆半島がくっきりと、そして霞んでですが天候次第では（伊豆）大島も遠望できました。たまたま三原山の突然の噴火が見えたことも。海岸には陸にあげられた小型の漁船が三々五々並んでいました。かくれんぼができる位です。漁師さんたちが網を干し、繕ったり、ときに地引き網も見られました。そして砂浜には川に捨てられて波で打ち上げられたらしき生活臭プンプンの「小物」も沢山。ガラスの破片で素足を切ったことも。夏は海の家が沢山ならび、ビーチパラソルの花が咲きます。夏休みの前には臨海学校が開かれ、海の家で着替えてから校長先生の音頭で海に向かって皆で敬礼して始まります。一部の子は江ノ島方面への遠泳も。

鎌倉の海岸の長所は（以前は）この松林と広い砂浜、そして遠浅の海岸（これは今もでしょう。背が立たなくなるのは海に入って大分さきですから。しかしアア、その後あるとき松林と砂の丘が壊され、海沿いに自動車道路ができて以前の風情がすっかり消えてしまいました。米軍の指導なのか土建業者の立案なのか知りません。東洋のニースとか称していたようです。

旧市街は三方が山に囲まれています。山というより丘ですが。そしてヤツとよばれる谷が沢山ヒダを作り、奥には大抵お寺と竹林がありました。これらをつなぐ鎌倉の路地には手入れのよい美しい生垣がまだ多いと思います。西の端の大仏あたりから登って北の建長寺の半僧坊を通り天園にまでつながる山道もあります。たしかそのどこかに「鎌倉湖」という古池があったように記憶しています。そして我々の通った学校はというと鎌倉駅から北の「鶴岡八幡宮」のやや西の大臣山とよばれる小山の下にあります。運動会の玉入れの写真の背景には大抵、その大臣山が写っています。季節ごとの野外授業でも丘、ヤツ、鎌倉湖などに出かけ、自然から多くを学べていました。友達と遊んだのもそういう場所や七里ヶ浜を通って片瀬、藤沢と結ぶ、今はレトロで人気の「江ノ電」の線路わきなどでした。

《電車、地図》 多くの男子と同じく私も電車、鉄道、加えて地図が大好きでした。横須賀線の線路が南どなりの逗子に向かって近くを大きくカーブしながら走っていましたが、頻繁におこった停電で電車や貨車がしばしば立ち往生、その度にすっとんで見にゆき、形式「モハ」「クハ」など書かれたモーターや車輪を写生したりしました。電車の模型が手に入る時代ではありません。地図帳も、当時は他には色刷りの美しい本がほとんどなかったのでいわば貴重品でした。その微かな匂いが懐かしく想い出されます。

地図の点と点をつなぐ旅行は疎開時の山梨県塩山町との往復と数年後の再訪が主で、あとは親類の住む宇都宮、箱根への修学旅行ぐらいでした。少ない機会だっただけに印象は強烈で、教室の授業以上に啓発されました。特に個々の地名などの断片的知識が、まずは鉄道路線と駅名によって「線的」に

猿橋、大月、初狩、笹子、初鹿野、勝沼、塩山、……

(雰囲気のある駅名でした) と結ばれ、ついで地図の助けで「面的」にも繋がるのが不思議なくらい面白く思えたのです。自分の「関連性への関心」はこの体験で目覚めたのかもしれません。あるいはバラバラなものを関連なく短期的に記憶するのが友達にくらべやや苦手だったこと (トランプの神経衰弱が苦手など) の裏返しかもしれません。新宿からの中央本線は、当時から甲府まで電気機関車だったと思いますが、ほぼ真西に真っ直ぐな鉄路が立川まで続き、そこからは山峡の地でカーブも多くなります。車窓に顔を張り付け、カーブも全部適当にスケッチしそれを使って「面的な」地図を作ろう、という愚かな試みをしました。角度の変化を量的に見とるのは難しいし、そのちょっとした誤差が先では大きな差になる、こういう当たり前の事柄も、やってみて地図と比べたことで実地に体得したわけです。もっと賢かったらやってもみないことでした。そして山国としての「立体構造」とそれを鉄道で結ぶライフラインも、車窓からの観察で一応のイメージをつくって地

図で検証して楽しみました。

昭和の鉄道の旅はそのときの中央本線に限らず、平野から山峡の地へ、清流に沿ってゆっくり遡るうちに山々がぐんぐん迫ってきてトンネル、鉄橋、トンネルまた長いトンネル、そしてパッと視界が開けると遥か前方に低く広がる盆地がのぞめる、そして今度は反対向きの清流沿いになって軽快に下って行くうち民家がちらほら増えて次の駅へ、という自然地理をそのまま教えてくれた実に楽しい旅路でした。これらで日本の地理的構造への興味が目覚めました。いまの新幹線等の旅は長い貫通トンネルの部分が多く、車窓からの眺めの楽しさが少なくなってしまっていて子供達が気の毒です。つまり目的地以外の「旅行そのもの」に教育的要素がなくなっています。特に「リニア新幹線」は文字通りリニア(線形)、カーブも勾配も少なく、山も川もそれ自体の生命を無視されていますね。まあ後に登山などで渓流、尾根、山脈など実体験してくれれば良いのでしょうが。

コラムC1　子供の観察眼

中村先生の教え「小さな大人にしたくない」への付記です。子供は「大人に守られている」という安心感のもとでは、鋭くまんべんなく周囲を観察し

「対象のさまざまな特質をそのまま直視できる」もの。

母親に抱かれながらお客の顔を眺め回したりいじったりというように。なぜ子供はそうか。新世代として本能的に「生存と関わるポイントがたとえ大きく変わっても」それに対応できるように鋭くしかも広めに初期設定されているからでしょう。新たな「悪魔」の登場にも一応備えられている。

一方、慣れるとそれが鈍くなる、これも生き抜くための別の「脱落と特化」の仕組み

「自分に役立つまたは害になるポイントをいち早く見抜き、以後その対象はそこしか見なくなる」

に基づいているのでしょう。スピード対応も生き抜くために必要ですから。生まれたときは広く「連続的に」ゆきわたっている感覚ですが、ときの環境で生き抜くためあまり使われない部分の神経は早めに抜け落ち、残った不連続な「点列」中心に強化されるわけです。眼でなく耳の場合も同様。これが進む、つまり

「感覚がときの環境に特化される」

のが大人になること（の一つ）でした。でも、新登場の悪魔の「ささやき」と天使のささやきとの相違は、多分非常に微妙なもの。当初「不要な区別」として抜け落ちた感覚ではもはや区別できないかもしれません。子供の感覚に大人が助けられること、これからもありそうです。

常に身に迫る危険にさらされている場合や、逆に変化に乏しい環境にいる（例えば子供ながらも強者の立場に楽に居続けたりする）と、否応なしにかそれが楽だからかの原因の相違にかかわらず、時の環境への特化が早まって感性的には早く大人になる、これは当然の成り行きでしょう。

大人が子供のためにできること、それは危険から守ってやるのが第一なのは当然として、変化に乏しくなったら（ときどき）変化をつけてやり子供らしい感性を保つことも大切、とつくづく思います。予期できない環境の激変に対応しなくてはならない「新世代の子」です。「今のその環境だけ」に特化した「小さな大人」に急いでしないため、感性を鈍化させないように、ときには大自然、生き物、美しいもの、など新鮮味の宝庫に触れる機会を与えたいものです。

2　小学校から中学一年へ

当時この学校は一学年二クラスでクラス分けは年度を超えて持ち越されており、小学三年生から卒業まで筆者が所属したクラス（竹組）の担任は新任の若い志田幸男先生でした。ご着任のとき朝礼で「私は、○○は毎日ご飯を食べるようなものだと思います」といわれたのが印象に残りました。○○が何だったか、いずれにせよ日々の教室を当時の食事のように大切に丁寧に（一粒も残さず）という意味だったのでしょう。

ご専門は国語で、とくに運筆のドリル（むろん鉛筆での）を徹底的にして下さいました。そして黒板に丁寧に書かれる文字一つ一つの力強く美しかったこと。お蔭で今でも私は（も）文字を書くこと「自体」が快感になっています。目的がなくても時間のスキマさえあれば鉛筆と紙を探し、たとえば力士のしこ名を思い出して列挙するなど、文字を次々に書いて楽しむ、そのクセがついてしまったともいえる、のです。

手書きの文字が機械入力より多くを表現していることはいうまでもありません。怒って書いたら字も震えるし嬉しく書けば字も踊る。単純な喜怒哀楽に限らず、手書き文字には文面以上に感情が表現されます。音楽の演奏が楽譜以上であるのと程度の差はあっても同列ではないでしょうか。当時の国語教育ではこのプラスアルファ部分も重要視されていたわけです。

国語の授業で太陽と月にまつわるさまざまな文学的表現の話を先生がされたあと「さて、みんな、太陽と月、どっちが好き？」との質問に生徒ひとりひとりが答えさせられたことがありました。私の順番の前、男の子すべてと大半の女の子が「太陽！」だったなか、ひとり実家がお寺の女の子が「月」と答えたとき先生は「わかります」と深くうなずかれました。私の番になりそれまでは月と答えるつもりでいたのが急に恥ずかしくなって「太陽」と答えたら先生があからさまに首をかしげられていたのを憶えています。生徒が何か答えなくてはならなくなったときのとっさの答えほど当てにならないものはないですね。

それにしても先生は生徒の心のヒダまでどうしてわかるのだろうと不思議に思いました。そしてこの原稿に手を入れていたつい先程「あ、きっと絵日記だ。先生が生徒について知る大きな手がかりは！」とやっと気付きました。そこで当時（小学四年の冬）の絵日記を調べたところ、たしかにその方向の描写が多くありました。夕暮れの木造建築の黒々したなかでほんのり灯火がともっているのは絵になる！　と描いたり、また正月、父につれられて混んだ電車で出かけた帰路の描写には

「鎌倉について外に出るとスーッとした。青黒い空には三日月がみえた。三日月の気持よさをみると息苦しい空気がいっぺんに清い風にさらされていってしまうような気がする。三日月をよくみると丸いところまでうすくみえていた。涼しい風が流れて僕のホホをなでた」

とあり、あ、これだったのかもしれないと思いました。ちょっと詩人気取りですが、国語にとくに力を入れておられた先生の生徒として精一杯の表現だったのでしょう。実際、駅からすぐの若宮大路の海側は高い松の並木で、夜は月影さやか。「鎌倉に帰るとホッとする」はよく耳にすることばでした。

高学年になっての甲斐路（山梨県）再訪ののち、新聞紙と糊を混ぜた「自家製粘土」で立体地図を作ってみたのがきっかけで、授業でもクラスの皆で分担して日本全体の立体地図を作る事になりました。製作途中の作品は教室の後ろの机の上に置かれていたのですが、翌朝戻ってみると富士山の頭がネズミに齧られていた、それが実は頭の黒い「大きなネズミ」のいたずらだった、といったこともありました。今なら3D模型を作るアプリが「そんなこと、しないでいいよ」と先生にも教えてしまうでしょう。

世界地図の授業ではブラジルのところで「主な都市が広い平野地帯でなく海岸線上の高

原にあるのはなぜ」かを質問したのを憶えています。ブラジルは日本と違って大部分が緑色（地図では）の平野なのにリオデジャネイロやサンパウロが海岸沿いの高原にあるのが不思議、と。先生が「いい質問ですね」と褒めて下さったのが嬉しかったので記憶に残っています。ついでにもっとスケールの大きい話も。大学で知り合い、後に著名な気象学者になられた廣田勇君はすでに子供の頃、世界地図をみてアフリカ西部の凹みと南アメリカ東部の凸形が互いに「切り離された二つ」のような形をしていることに気付き、その意味を――ウェゲナーなどの大陸移動説を知らずに――自分で考えたという逸話の持ち主でした。

当時ですからゲンコツもありました。きちんと後ろに立たせ、何が悪かったかをゆっくり諭したあと（真上から）コツン。それより軽い罰は「バケツを持って立っていろ」。ちなみに一、二年生のときの中村先生の体罰は額に人差し指を当ててツンと押すのでした。ムチウチ症の心配？　いや軽くでした。

体罰があった反面、先生から生徒への「言葉の暴力」は（少なくも教室内で感じた限り）全くなかったのではないでしょうか。先生方も薄給のもと生活苦もおありの中でだったと思いますが。生徒はもとより、社会全体がもっと学校の先生を尊敬していたことは間違いないでしょう。個別の永続的問題は別で、これは一般的な初期設定の問題としてです。先生も人間、熱意があっても軽くみられていると感じると意地悪な気分も生じるし、それが溜まると暴発してしまいかねないですから。先生に対する初期設定が「月給取りの教師」ではお気の毒で、これは一に政治の問題でしょう。

のちに専門分野になった数学ですが、小学生時代から特に得意だったわけではありません。そろばん技能も普通でした。ただ、

「曲線で囲まれた図形の面積は微積分という方法で統一的に計算できるんだぞ」

というエンジニアの叔父から聞いた話には大いに興味がそそられていました。でも「なぜ紙に鉛筆で『任意に』画いた曲線でも（内側の面積が）機械的方法で計算出来るのか、何か変だ」とは長く思っていました。細かいグラフ用紙に画いてマスの数を数える近似計算法ならわかりますが、なぜ統一的計算法で？　いわばインプットの合理的方法が想定できないのにアウトプットが機械的に出る、という話はわからない。こういう疑問は子供でも

直接感じ取ることができます。表現する言葉を知りませんから何もいいませんが。でもこの種の「やさしくて」基本的な疑問に対する質問が日本では大人の世界でも表立って問われる事が不思議に少ない、と後々の専門的な内容の講演会などでもよく感じたものです。なぜでしょうか。この面積の件、のちにそれが「任意の曲線」ではなく「解析幾何の（簡単な）方程式で書ける」特殊な曲線に囲まれた図形の場合のことであったと知り、その場合のみに通用するその方法の美しさに感激、なるほど、と納得しました。同時に、それらを発見発明したデカルトやニュートンへの崇拝の心も生じました。そしてそう、ただ崇めるのではなくその特徴を理解すべきだ、

「うまく特化してその特別な場合の特徴を生かす可能性に誰かが気付き（発見）その方法も編み出した（発明）、それが重要なのだ、そう教えるべきだ！」

と（のちに）悟ることになりました。とにかく小学生時代としては、この「なにか変だ」と思ったこととそれを大切にしたことだけが自慢できるところでした。

《友達》絵日記をみると休日は大抵、友達と遊んでいたようです。学年が進んでからは

釣りもありました。近くに住むいつもの数人、家族ぐるみで親しかった山あいのお宅、江ノ電沿いのあそことあそこなど。当然そういうとき軽い喧嘩と仲直りもしていた筈ですが思い出せません。学校でのこととしては友達の一人と口喧嘩になったあと広い校庭を横切っている間に（多分お互いに思い直せて）仲直りした、あーよかった！　ということがありました。こうしたときは校庭の広さも役に立つのでしょう。

《合唱コンクール》自分が参加したわけでは残念ながらありませんが、ＮＨＫ全国学校音楽コンクールで附属が昭和二十三年優勝、二十五年二位になったのはすごく嬉しいことでした。それぞれ四年生、六年生のときの話です。音楽の梶野先生のご指導のもとでした。優勝の年の課題曲の秋の歌「コオロギが鳴く、秋よ、秋、秋、空は水晶銀の雲……」は特に情緒のある美しい曲でその後もよく口ずさんだもの。他校の自由曲としてよく歌われた「さらばさらば我が友」や「山鳩」の輪唱も。

《世界名作全集と夜の空想の始まり》小学五、六年生の頃、子供のための「世界名作全集」シリーズを両親が買ってくれました。一冊ずつ箱に入った格別な贈り物でした。シリーズはまず第十巻まで出ていてワクワクして読んだものです。「ああ無情」「宝島」「巌窟王」「鉄仮面」など。怖い話になる、次のページに挿絵があるのが透けて見える、コワゴワめくって見てしまう。年子の妹も前後して読んでいて、家族は六畳間で寝ていたのですが、そのころ布団に入ってもすぐに寝ない習慣がついたようです。布団をかぶって読んだ場面をあれこれ想像する、ときに妹と話の筋について「これからどうなる、まさか……」など話し合ったりもしましたが、とにかく布団をかぶってもすぐ寝ない、するとそこに自分だけの世界が開け広がってゆく、という心の楽しさをおぼえてしまいました。それが生涯にわたっての習慣になるとは……

《中学一年・藤定先生》系列中学での一年生秋まで半年間のこと。教室は小学校の一部の間借りでしたが、教科ごとに専門の先生の授業になり、よそから優秀な生徒たちも大勢入って来て新鮮でした。

クラス担任の藤定武夫先生は理科の先生で「竹を割ったように裏表のないのが好きだ」と言っておられました。筋肉質に縁なし眼鏡のちょっと怖い雰囲気の先生でした。小学校ではなかった「理科らしい理科の授業」で、熱膨張の話、鉄道線路の隙き間がなぜ必要か、なども面白かったですが、さらに印象的だったのは授業の合間にしてくださる「怪談」。

せがまれて「しょーがねえ、じゃあ怪談にするか」に皆大喜びし、蚊帳物語、牡丹灯籠など。真に迫っていました。そして夏休み前の山中湖畔でのキャンプでも——当時の夜の湖水、光の反射など全くなく、ただただ黒々たる不気味さをたたえていましたので、先生の怪談にとっても最高の野外舞台でした。逸話ついでに、通勤電車内で、米兵にワラー？と聞かれ「はて水のことか？　奴らもこの位知っているだろう」と紙に「H_2O？」と書いて渡したらやっぱりそうだったよ、とか、老人に席を譲らずに居眠りしている輩に我慢できなかった話とか、うそをついた生徒をぶん殴ったら教室の後ろの壁まで飛んで行ったよとか、勇ましいような危ない話もいろいろお聞きしました。

一方、大変やさしい先生だと感じたのはこのときでした——私は知能テストというのが苦手でした。何のためになるのか中学でも受けさせられたのですが、結果は知らされず。ふっと気になって職員室に遊びに行った折に先生に尋ねたら、ふっと
「自尊心が許さねえだろう」
とだけ。やはり素晴らしい先生でした。ずっと後、京都に移ったとご報告したら「うーん、京都は勿体ぶったところが気に喰わねえがなあ」。鎌倉武士でした。

小学一年生と中村先生

中村先生の送別会

志田先生と幻灯を見ている子
フラッシュを待っている子

志田先生と生徒の
記念写真集より

藤定先生と理科の授業

コラム C2 旅行と読書、集中と連想

C1の続きです。

子供に新鮮な体験をさせる「旅行」。忙しいし家計にひびくし頻繁にはできませんが、私の体験ではたとえ数年に一度でも、それが本当に新しい体験なら子供は非常に喜ぶし、その刺激が内面の成長のもとになると思います。広大で変化に富んだ自然、様々な生き物、美しいもの！

娯楽施設も子供は喜び、ストレス発散という一時的目的にはかなうでしょう。でも子供の多くが喜びそうな「最大公約的な要素」を大人が計算して用意したもの。子供一人一人の個性を目覚めさせて育てるのにはあまり役に立たないのではないでしょうか。広く深く多面的な自然の中から大人は気がつきにくい特徴を見いだし自分自身の感性によって何かを掴むのとは違うと思います。さらに「ゲーム」となると、これは幅広い観察によって眼を肥やす方向ではなく、対象への条件反射的な「適応訓練」。逆方向だと思います。

作られた対象の作られた特質しか見なくなりますから。

そんなに急いで反射反応が早い大人にしたいですか？　表面反射は奥ゆきを薄っぺらくしないでしょうか。

近いところの関連性の糸を頭の中でもつれないように正しく結ぶネットワークを作れるのが集中力、遠くの（というか、遠くて近い）ものをひょいとつなぐのが連想でしょう。

若いうちに集中力をつけてくれるものの一つが良書の精読。丁寧に読んで面白さに引き込まれると周りが見えなくなる、その分、本人は集中しているわけで、これによって集中力も自然についてくるようです。読書の基本は精読ではないでしょうか。単語より文章、文章より文節、等、「まとめた把握」ができるためにはまずは精読によって眼と脳のつながりをしっかり作らないと。

そして中学生頃からの自発的読書。これこそ重要と大人は思いますが、この頃になって大人が特定の本をすすめても（余程あこがれている人からでない限り）むしろ逆効果。好きな本は自分で探して選びたいという欲求は、知性と精神的自立の証でしょう。親にできるのは小学生の頃の読書環境を整えること位のように感じました。

読むスピードが自然に増してくれば多読も自ら求めるようになり、連想もそれにつれて豊かになるでしょう。

連想はとりあえず表面的なものだと思います（奥深いつながりを感じ取れたら凄いですが）。旅行、多読、仕事、遊び、不満があってあれこれ考える、などによって培われて行くのでしょう。

（ワサビ注意！）ＤＮＡの構造解明で有名なフランシス・クリックは「普通の大人は自身がすでに知っている事にしか興味を示さない」と自叙伝で嘆いていました。読書でもパラパラふんふん読みしかできないと、たまたま目についた一つの言葉から「連想で最初に結びついた既知の事」に連想が飛び、あとはそちらしか見なくなる、これは老人の特徴でした！怖い怖い。

3　イギリスの寄宿舎

中学一年生の秋（11月）から約一年半（1951〜53）は、（父の仕事の関係で）イギリスの田舎の学校の寄宿舎で過ごしました。終戦後七年前後、ロンドンのセントポール寺院の近くには瓦礫の山がまだ残っていました。イギリスは戦後の耐乏生活の時期、日本は敵国の一つだったわけです。一方、科学方面ではワトソン―クリックのDNA構造決定という世紀の大発見がロンドン近くのケンブリッジ大学のラボでまさにその時期になされ1953年春発表された、というワクワクの場所と時期だったのですが当時知る由もありません。

《ロンドンへ》イギリスへは、母と妹達そして他の赴任家族達と一緒に、英国航空（BOAC）のプロペラ旅客機でアジア大陸のほぼ南岸にそっての（二、三日間の筈が、故障で沖縄で足止めなどで）一週間もかかっての空の旅でした。むろん海外も飛行機も初めてで、地図好きの自分がどんなにワクワクしたことか。上下の揺れも多くて胃はムカムカしていましたが。高度が低いから下界がよく見えたのです。いま台湾を東から西へ横断中、最初は険しい山岳地帯でそれから平野。タイの近くでは太い泥色の蛇行に「あれはメコン川よ」、飛行機に何かあっても「陸上でなら不時着して何とかなる」と思って見ていると、下を白い雲のかたまりが流れその影が地上を移動している。

「そういえば、雲の影ってなんだ？」「つまり、そこにいる人にとっては、曇っていて太陽が見えないってことでしょ」「あっそうか！」

ある状況を「別の視点から視るとどうなるか」を考えた多分初体験だったのではないかな。その夕方、地図では逆三角形に過ぎないあのインド半島の横断にかかります。西に向かっているとはいえ沈みゆく太陽には取り残され、茶色と緑のモザイク模様が印象的だったインドの大地もどんどん暗くなっていく。その中で、機は単調なエンジン音を響かせてひたすらばく進、自分たちも眠りに。翌日は青くギラギラした紅海が眼下にまばゆかったのが印象的でした。その後再々度の故障！とのことでローマに緊急着陸。着陸前に市電の「顔」が狐のように見えました。そして翌日アルプスの雄大な山々の上空では「プルターク英雄伝」ハンニバルのアルプス越えの話を思い出しました。そしてやっとやっと父の待つ霧の都に。飛行機に乗る前は「ロンドンに着いたらロンドン、ロンドン、ってアナウンスがあるのかな」などと家族で語り合っていましたが、何日も遅れて、そうっと静かに。

ロンドン北西の一角（NW6）赤レンガ造りのアパートの三階に家族がそろったのは十一月半ばだったと思います。妹二人の小学校はすぐ見つかりましたが、私の場合は父がなるべく良いところでと粘ってくれたためでしょう、なかなか決まらず年内は近くの英語教室に通っていました。担当の先生は「やな奴」、私のことを「木製アタマ」"wooden head"と呼ぶのをやめません。最初に"to be"ってどういう意味かとたずね、いくら説明されても分からなかったことは憶えていますが。そして結局、ロンドンから汽車で西に三時間、ウィルツ州の小さな町ウォーミンスターの町はずれにある私立のグラマースクール（男子校）に寄宿生として受け入れてもらえました。有名な古跡ストーンヘンジのわりに近くです。校長先生がかつて（広島県）江田島の海軍兵学校の英語の先生だったという関係で受け入れてもらえたようです。年末に一度下見に行ったのですが、遠いしうら寂しいしと母は心配し、その学校の寄宿舎に入れるのをとてもいやがっていました。下見に同行した父の同僚の息子さんの場合はそこを選ばずロンドンの中学に入りましたが、父は「寄宿舎でどっぷり」のプラス面を考えたのでしょう。日本人は当初は自分だけ、他の外国人はポーランド人などヨーロッパ系ばかり。

《寄宿舎で》入学入寮したのは明けて1952年の1月17日。自宅のアパートからロンドンのターミナル駅の一つパッディントンに向かいました。冬の朝日が車の真っ正面から差し込んで、高緯度で低いだけ余計にまぶしかった、その中でこれからの覚悟を胸にたたんでいた、など昨日のことのように思い出します。汽車は蒸気機関車、うしろにたなびく白煙、土手また土手、陸橋、牧草地、ときにテームス川の上流らしいのがひょいと見え隠れする、といった光景でした。その日ロンドンは晴天ながらやたらに寒かったのですが、やはり途中から雪景色になりました。

校長先生ご夫妻も他の先生方もとても親切にして下さり、最初は「名前をどう呼ぼうか、ヤスがいいか」と聞かれ「いや、ヤスよりタカがいい」と答え、父の説明に一同笑ったり、と調子よかったのですが、まもなく父はロンドンに戻り、その後は失敗の連続。さっそくの本領発揮です。ポケットからは求められていないものばかり出てきたり、お腹を壊したり、夜中にトイレの場所がわからず校長先生夫妻のプライベート領域に迷い込んで身体ごと押さえ込まれたりもしました。が、やさしく大きく受け止めてくださいました。ただし最初に英語と数学の試験をされ、日本語の本はすべて取り上げられました。

入学が決まった年末にロンドン住まいの生徒ポール・ギール君を紹介されていて、ロンドンで会ってトランプ等で遊んだこともあり、寄宿舎に一緒に連れて行かれてみると彼と二つ並んだベッドでした。彼はあからさまに「わ、こりゃ窮屈だ」といった表情。「わりいな、よろしく」って英語でどういえばよかったのかな。寄宿舎ではメイトロンという世話係の落ち着いたご婦人が母親代わり（「メイトロン」はパトロンの母バージョンだったのでした）。就寝前のひととき、二つの六人部屋の間に置かれた椅子に坐って十分間ぐらい続きものの本を読んでくださり、子供たちは静かに聞きいっていました（となりの子にうっかり話しかけ「シーっ」とさとされるまでその状況が掴めていませんでした）。時間がくると栞をはさんで本を閉じ、Good night, boys といって去っていきます。内容が当時全然わからず残念でした。

「軍隊式」起床、ベッドメークと爪の点検、広い食堂に並ぶ細長いテーブルをはさんだガヤガヤ朝食（パスミー　バター　プリーズ）で最初の一日が始まりました。口に残ったパンを紅茶で流し込んで「飲みと食いを一緒にしてはだめ」といわれたり、向かい席の二人がブララー、ワグスーと自己紹介してくれてもわかったのはアクセントの位置だけだったり。

そして隣の校舎に移動。生徒は半分が寄宿生、半分が地元からの「通い生」で一クラス十数名ぐらい、地元からの通い生にも優秀で頼れる生徒がかなりいました。先生方は小柄でも威厳があり、時間になると黒いガウンをまとった姿でさっと入って来られ、終わるとささっと出ていかれます。生徒の正解「……, Sir」で終わったときなど「わが意を得たり」の如く指一本挙げ同じ言葉にアクセントをつけ「……!」と復唱ポッキリささっと退出。カーテンはなくても「劇」の終わり方みたい。

まず科目ごとに表紙の色が異なるノートを支給され、「緑の数学」では自分の名前とページごとに指定された線を引いたり日付を書き込んだりするだけで一時間目が終わりました。国語、つまり英語は白？　いや白は神学だったたか。赤のフランス語は何かしゃれていて、やりたかったけどやらせてもらえず。

イギリスの男の子たちは大人のいる前では紳士のような服装、態度です――制服もジャケットにネクタイ――が、ひとたび子供達だけになったときの強烈な腕白ぶりは日本とずいぶん違いびっくりしました。たとえば列車のコンパートメントで子供達だけになると、とたんに暴れる、弱いものいじめする、そして大人がくるとピタッとおとなしくなる、これは寄宿舎でもまさにそうでした。西洋の子供の方が野性傾向が強いということはよく指摘されることとです。大人による子供の抑圧の「時と場合への依存度」が、

日本ではほぼ一様
西洋では「強い抑圧」と「はっきりした自由」の境界がくっきり
ということでしょうか。
なお境界クッキリに関して感想が二つあります。一つは「先生対生徒」の対立的区分についてで、生徒側が抱いているこの（階級闘争のような）対立意識が日本（少なくも自分のいた学校）でより強いらしい、ということ。もう一つは「緊張対リラックス」の区分について。のちの体験ではこの区分が大人の世界（自分の場合は学問の）でもハッキリしているのは西洋の方で、それはプラス要因だろうと感じました。

寄宿舎の生活は規則正しく、放課後は一時間弱ぐらい自習の時間、その後はサッカー、ピンポン、バドミントンなど自由に遊ぶ、半ドンの土曜日の午後は町での買い物が許され、日曜日はまず礼服で近くの教会でミサ、そのあと着替えてゆで卵つき朝食（卵は週一回このときだけ）、そしてその後は自由行動となります。学校の近くには森あり丘あり牧草地、ゴルフ場などもあって、一斉に大勢で繰り出したものです。入学して間もない頃のある雪の日、線路上の陸橋で、はるか遠くからゆっくり近づいてくる蒸気機関車を見て、誰かの提案で雪の球を煙突めがけていっせいに放り込むといういたずらも。見かけ上の特徴で自分だけが機関手に目立ったらしく、学校に抗議の電話があったとのこと。呼びだされて皆一緒に叱られました。エンジンにとって、従って全体にとって、非常に危険なことだったのです。

これは他の生徒主導のいたずらでしたが、私自身も、もっと仲間に入れてほしいという潜在意識も手伝ってか普段以上にいたずら（帽子を奪って空に投げるなど単純な）をしすぎた時期がありました。そのあげく、クラスで一番たよりにしていた先輩Jさんにはっきり言われたのが「やめろ、みんなに迷惑かけるな、きらわれ始めているぞ」

Boys in this school are going to dislike you!

校舎から離れた原っぱ運動場の一隅で受けた大ショック、運動場の囲いにある樹木のたたずまい、とくに高い枝のざわざわしたゆらぎをしばし呆然と眺めていました。でも、とりあえずは近くにいた別のおとなしい生徒と普段のように会話ができて話をしながら校舎に戻れたことが救いでした。やや気分が落ち着き、以後は大人しくなり孤立しないですんだと思います。

同じ頃だったと思いますが

「ボーイスカウトに入らないか」

と同じJさんにかなり強く勧められました。入りたかったけれどそれには親の承認が必要でした。父は何か思想的な影響を過分に心配したらしく、手紙のやりとりで「父親が許さないといって断れ」。でも頭デッカチでストレス発散が思うに任せていなかった自分のことを考えると、ボーイスカウトこそが自分に欠けたものを身につけられ皆と青春をもっと共有できる絶好の場所だったのにと残念です、今もって。

生徒への罰についても一応述べますと二種類あり、軽い方 detention は軽い校則違反や上級生に逆らった場合などで、一定時間の書き取りなど、私も何度か受けました。上級生に逆らってはいけないというのは軍隊式の名残だったのでしょうか。何か命令されて、なぜ？　と聞き返すと　“Because I said so!”　でした。重い方の罰はピンポン台で校長先生に尻をこん棒で何回か打たれるというもの。生徒は泣きじゃくりながら戻って来ていました。特に先生方を侮辱した場合はこれだったようです。先生の生徒への暴言はというと、先生によってはひどい侮辱的なのもありました。対する生徒はというと「あいつ、また」と慣れっこになっていたようです。学期末には迎えに来た一部の父兄が先生方と校舎周辺で歓談する習わしですが、被害生徒の母親が「先生のこと、かねがね息子からいーっぱい聞いていますよ！」“I've heard a Lot about you!”といって暴言先生にお灸を据えたという笑い話も聞きました。

学期末と中間休み三日間は自宅に帰れます。学期末の場合は重い荷物を持って駅まで行くのがたいそう難儀で、街角で何度も持ち手を替えたり置いて休んだりでした。汽車がロンドンのパッディントン駅に入り下車すると長いホームの最奥には仕事を終えてホッとしたかのようにゆっくり白い蒸気を吐き続けている大きな機関車が、そしてその向こうに迎えの母の姿をみとめます。一緒のポール君はお父様がおられずお母様もお仕事の都合でかお迎えがありません。逆に学校に行くときは汽車が出るまで母がじーっと穴のあくまでといった感じで見つめてくれているので、やや気詰まりに感じたものでした。

なお、学校はもとより寄宿舎にも「鏡」が全く備え付けられていませんでした。男子校とはいえ現代では考えられないでしょう。ですから長い学期（またはその半分）が終わって久しぶりに帰宅し自分や家族の顔をみると見慣れた西洋人の彫りの深い顔とあまりに違うことにその都度ショックを受けていました。通学生で毎日鏡も家族の姿も見ている他の日本の子の場合と基本的に違うのは、自分自身の美醜の感覚が完全にイギリス人の感覚と同化してしまうこと。友達にたとえば "flat face" などとあざけられるのには慣れますがそれと違うのは、彼らが自分をどう見るかの問題ではなく自分が自分をどう見るかの点ですからより深く食い込み、美醜の感覚に敏感な思春期にはちょっと残酷でした。

《学校で》寄宿舎生活で学んだこと、学びきれなかったこと（暗黙のルールなど）共にあまたありましたが、そろそろ学業の話に移りましょう。よく勉強した科目といえば当然まず英語――通常のクラスではドンキホーテ（ドンクィクソートゥ）の購読をしていましたが自分は若い親切な英語の先生ミセス・ハリーによる個人レッスンを受けさせていただきました。先生の口調で思い出すのは

“I wonder if you can do this”　“Next time, without fail !”

“You are an absent-minded professor, aren't you!”

最後のは忘れっぽさをやさしくカラカって下さっていたわけでしょう。また先生は観劇がお好きで、シェイクスピアの「マクベス」の話を熱っぽく丁寧に説明して下さったときの印象が残っています。うら若い知的美人の先生が主役の一人バンクォーの説明で、口を突き出して quo を発音されるときの眼の輝きと口元の表情まで。

学芸会の中心は詩人ブラウニング夫妻のロバートとエリザベスの恋愛活劇でした（エリザベスも男の子が女装）。私は日本文化の一端を紹介することになりました――「古池や」を先生の英訳で。記憶では　Behold an old pond, it is so calm that…（蛙が飛び込む音が聞こえるほどに閑かで……）でした。俳句のよさは「説明しないところ」だったのに、

肝心な点が伝わらなかったのは残念でした。あるときは隣町の学校の学芸会行事でのシェイクスピアの「お気に召すまま」を観にいきました。一部とはいえ、シェイクスピアのセリフを田舎の中学生が大量に暗記して舞台で堂々と演じるのですから大したもの。ヒロインのロザリンドが（男装した後半も）素敵で、大もて。そのころは私も短い会話のやりとりは多少わかるようになっていて、男装したロザリンドと恋人のオーランドの微妙な会話のやりとりにどうなるのかとドキドキ。彼女はわが先輩の一人が射止めたらしく、のちのダンスパーティーではずっと二人で踊っていました――「シャルウィーダンス」ではなく“Let's dance, shall we ?” だったような。

多くの科目で堅固で分厚い教科書があり、その存在感は強いて言えば聖書の部類。日本でのような簡便な生活手帳の雰囲気ではありません。ただし教科書は学校の所有物ですから終わったら次の生徒のために返すのです。世界地理の教科書は Man and the Earth という草色のハードカバーの本で、熱帯ジャングル地方からサバンナ、温帯、と地域が移行しヨーロッパ、ツンドラ地帯、極地の人々の生活――イグルーの話など――で終わる、夢をさそう一冊でした。まず地域の自然環境、そして人々の暮らしの説明と写真。流石に「七つの海を支配した大英帝国」の子息のための教科書という風格がありました。日本についても、アジアの他の国と対比させ割に好意的に書かれていました——戦争で直接の敵国だったのがまだ六年前だったのですが。自分の地理の成績はというと、夏休み前の学年末試験で49点でした。担当のバーカー先生が「合格ラインは50点、いや、タカも入れるために49点にします」と授業でいわれたので憶えているのです。得意の筈の地理でなさけない、とかは特に感じませんでした。

図画の授業の写生も好きでした。生徒同士二人一組になってお互いをデッサンしたときは、他の生徒には「おーこりゃ似てる」と、先生には「全体の構図がだめ」といわれました。

音楽と生物の授業が同じファーンズ先生でした。まず思い出されるのは学期末と中間休みの直前、ミサが終わりやっと帰宅できる喜色満面の生徒達を教会から送り出す音楽。ご自身も嬉しそうな赤ら顔の先生がパイプオルガンに向かって調子よく弾き続けられていた曲です。パーセルでしょうか、よくわかりません。「解放の象徴」のように記憶に刻まれています。2拍子です。

ドー—レー—ミーファ—ミッレッ—ドーレー—ミーレド—レッ（下がる）ソッ—ソー

普段の音楽の授業では賛美歌、オラトリオ「エリア」を組織的に、それにこんな愉快な男声二重唱曲も。

フォスターせんせいグロスターにいったー

ひーでえアメのなかー
ヌーカールミはまってドップリつかって　もーうーコーリゴリー……
このあとは二部掛け合いのフーガになります。

一度クリスマスの時期にヘンデルのオラトリオ「メサイア」を聴くため学校から夕方、皆でバスでソールズベリー大聖堂を訪れ、荘厳なハレルヤコーラスも初めて聴き感動しました。そして演奏が終わって外に出たとき、夜空にそびえる大聖堂の優雅きわまりない姿に魅せられて何度も振り返ったことを憶えています。ただし――帰路のバスの中では別の騒ぎになりました。先輩の一人がメサイアの総譜を持ってきていた、演奏中ひざからひざへパスされていたのが、今見当たらない、「タカに確かに渡したぞ」「エーッ」もしかして教会の祈り台の下段に置いてある聖書や賛美歌集のようなつもりで、そのまま置いてきた？　のちに戻ったとのことでほっとしました。

化学では、初めて分子式、酸、塩基、中和などを含めしっかり教わりました。日本で学んだ塩酸が hydrochloric acid と対応するんだな、等は「理科の英和小辞典」を持っていて大変助かりました。寄宿舎の誰もいない部屋でこの辞典を見て言葉の結びつきに喜んでいたとき、やって来た友達に“Books, books, books, that's You!”といわれてしまったような記憶があります。「だって言語二重なんだもん！」と言い返したかったところ。のちのちの話としては、英語での化学用語の基礎知識は、生物化学の進展の勉強をする際にとても助けになっています。

化学の先生は実力のありそうなミスター・ハリー先生。英語の先生とのご夫妻で一度ご自宅のアパートにお茶によんで下さるなど可愛がっていただきました。化学をハリー先生から学んだことで化学の基礎知識と面白さを学んだことに加えて、一つの新しいものの見方を知ったと思います。樹木をみて、ああ絵画の世界では樹木をこう見るのだろうし、化学の世界では分子構造をもとにああ見るんだろうな、と裏庭を見ながら思った事でした。

四十年後の1993年6月、ケンブリッジのニュートン研究所に招かれて一ヶ月滞在したのちロンドン郊外のご自宅にお邪魔して久しぶりにお元気な御夫妻にお会いすることができました（そのときの写真をアルバムの最後に載せさせていただきます）。理科のご主人はクルージング、英語の奥様は相変わらず観劇を、それぞれご趣味にしておられました。なお、ケンブリッジではDNA構造発見の聖地であるキャベンディッシュ研究所やイーグル亭にも立ち寄ってみました。なお、そのニュートン研究所での整数論の研究集会において「フェルマの予想が解けた」という世界を驚かすA. Wiles氏の三回連続講演がありました。約五十名の参加者に私も招かれて入っており、一同で祝福し、それから多くがメールを打ちに自室に急いだようでした。「ここにいる大部分の参加者の過去の仕事と何らかの関係がある」と彼が述べたように、それは総合的な知の結集でもありました。

7月ごろの学年末試験が終わり、長い夏休みへ。幕開けは運転免許をやっと取った父の超安全運転での家族旅行。終業式の日に学校に立ち寄ってくれ、古城やシェイクスピア生誕の地など三泊位。地図が好きな私が助手席で地図を見ての紆余曲折の旅でした。その途中でのこと、後からしきりにクラクションを鳴らされ、それが何とイギリスに向かうときの飛行機でも一緒だった鈴木さんのご一家でした。同じ頃の免許所得、家族の学校の休暇など、合致する状況はあったとしても、あまりの偶然にビックリしました。超ゆっくり運転だったからいずれ追いつかれたのかもしれませんが。当時ですから高速道路ではありません。大部分二車線でした。

この長い夏休みを境に、学校での勉強がそれまでの「何とかついてゆく」という状態から得意科目が増えて「楽しい状態」に変わりました。慣れてきたからという以上に効果があったと思うのは、ノートを整理し直してキチンとキレイに清書するようにしたことでした。たったこれだけで雑な印象だった学習内容が自分の頭の中にもキチンと収まるようになったらしく、学習意欲が出てきたのです！

宿題はありません、一切。休暇は休暇。「日本では宿題がある」と先生に言ったら、あきれていました。ただし幾何では小柄でいかついウェールズ出身のフィーニー先生が「個人的に教科書の先まで読んでいい、何ならパイサゴラス（＝ピタゴラス）の定理まででも」

と言われました。そのときは意味がわからず大誤解。

「パイってπのこと？　イギリスでは円周率を中学までやらないの？」

幾何の教科書はユークリッド幾何学の体系そのものの本格的なもので、定義、定理、証明、作図、吟味、と続いたと思います。幾何は大好きでしたから、夏休みの多くの時間を幾何の教科書とその問題で過ごした記憶が残っています。ある一つの賛美歌をくりかえし口ずさみながら。

代数も、初めて系統的に習いました。等式で項を移項するときになぜ符号が変わるのか、"I try to explain you,…" で「成る程！」。2次式の因数分解、2次方程式や連立方程式の解き方など新鮮でした。そして0の役割が「積が0なら少なくもどちらか一方は0」という論理で2次方程式を解くのにうまく使われている、そういう実質的意味があることとわかりました。

「零の発見」は、哲学ではなく実質的な数学なのだ！

という次第でイギリスの学校滞在の後半は勉強が面白くてたまらない時期でした。後にフィーニー先生に「帰国することになった」と話したら「だめだ、絶対帰国などするな！」と強く言って下さいました。日本の教育水準の高さをご存じなくて心配して下さったのでしょう。

ここで触れておきたい日本の（戦後）教育との基本的な違い。それは各科目の内容を、生活への直接の応用と離れて

「独立した文化」として基礎からしっかり教えていることです。それはギリシャ時代（への復活）の伝統なのでしょう。

しかし私は日本でいうと中学三年にさしかかる時期になりました。父のイギリスでの仕事はまだ一年半位は続く見通しとのことで、学校をどうするかの話になりました。思い切ってイギリスに残りイギリスでの進学を目指す（むろん、いずれ家族と離れて）か、一人で日本に帰って親類の世話になりつつ元の中学に戻らせてもらうか、の選択です。父は（ビザなどの関係で実際何が可能だったかは知りませんが）一応両方の可能性を考えてくれ、私の意見を聞かれ、希望として帰国を望みました。母はその場合鎌倉で私を預かる立場になる義妹のことを心配し、隣の部屋で父に「ヤスタカなんて誰が喜んで預かるものですか」といった意味のことをいったのが聞こえてショックを受けました。でも帰国後、その叔母たちにも可愛がってもらえ、厄介をかけているということ自体も意識から消えてしまっていたのは大変申し訳なくも有り難いことでした。

ウォーミンスターの中学寄宿舎（学校はこの建物の左にある）

先生方と友人と最後に駅前で

コラム C3 異文化

たしかに、社会が異なれば文化も異なりました。そしていま思うに、

(西) かたや、彼の国。

「ふしぎな自然現象の解明」そして「さまざまな社会悪の解剖」という人間社会が克服しなくてはならない基本課題に取り組むため、そしてその成果の普及の必要性によって発達してきた言語。たとえば

ユークリッド幾何学、そして　シェイクスピアの悲劇。

それらの特徴は

第一に　組織的な分析に適する「精密さ」、

第二に　その中の「微妙さ」はというと、文学ではユーモア、ウィット、皮肉が豊富で、科学では重要性のポイントを印象的に表現する言葉が豊富、

第三に　主客をはっきり分離することで初めて感じ取れる「客観的な真理と美」を尊ぶ。

一、二のような言語を中等教育から教え、三の体得も中等教育の基本に据える——こういう異文化。

（東）こなた、我が国。

主客混沌の曖昧さにつつみこみ情緒的表現が豊かな日本文化。情緒的なのは私も心が落ち着きますが、正確さを期するのはなかなか難しい。

たとえば「3密」を避けるようにといわれたとき、当初は3つの密が「重なるのを避けよ」という雰囲気（3つの色分けした円の共通部分の濃い色部分が注目）だったのが段々「できる限りどれも避けよ」になった感じなのに、その相異を誰かが問題にしたのについに出会わずじまい。共通部分と合併とは違う、というのが日常の感覚や表現にないのでしょう。また、日本はこれこれの「最大の援助国である」が、実は one of the つまり最大の援助国「の一つである」だったそうです。

一つの言葉に複数の意味がありそれらを区別しないといけない場合に、言葉を聞くだけでは気がつきにくく、それが仮に為政者に利用されても気付かない。他方、精神主義といえば主観的ガンバリズム、応援する言葉は「頑張れ」だけ、微妙さはもっぱら恥じらいの顔——。

自分にとって住み心地は良いし、同質の一つの社会の中でお互いの協力で生きていけるならこれが一番と思う一方、グローバルな激動の時代に生きる後の世代のことを思うと、まず言葉の曖昧さの怖さ（と能率のわるさ）の認識を共に深め合っていきたいものと思っております。

（補足）まず、中学生がユークリッド幾何学を学ぶことの共通の意義は、それが

「主客分離の訓練」

になるからではないか、というのが筆者の見解です。問題を解くにあたり、意識の中心を「解けないであせる自分」から「問題の構造そのもの」に、つまり気分を主観から客観に移さないと解けないし、移せば解けるための重要な第一歩になる、そういう体験を積む絶好の機会になると考えるからです。

なお、エラソウに書いてしまいましたが筆者がシェイクスピアをわかっていたわけではありません。「これは悲劇というよりむしろ喜劇ではなかろうか」と観劇感想文に書いて友人に笑われたこともありました。これは「もともと喜劇なんだよ」“It' s supposed to be comedy !”と。

こののち帰国して日本のよさを改めて感じた話は次の節にゆずりましょう。

4　鎌倉に戻って中学三年生

これ以上イギリスにいると帰国後に留年になるぞ、という期限の春に一人帰国しました。そして元の中学の三年に入れてもらえました。両親と妹二人はイギリスに残って計三年間滞在、私は元の鎌倉で祖父と叔父夫婦、とくに叔母に大変世話になりました。ラジオから「三つの歌」「笛吹き童子」「君の名は」などが聞こえ、相撲では栃錦、若ノ花が切れのよい技で横綱陣を脅かしていた頃です。さっそく笛を買って松林の下でヒャラーリヒャラリーコー、ヒャレーロヒャラレーロ。イギリスになかった「情緒」でした。

この中学三年生の一年間が自分にとって最も楽しかった学校生活でした。まず家では、預かって下さった母方の実家の家族が明るく楽しい雰囲気で、ありのままの自分を受け入れてくれたことが第一でした。勉強でなく小説を読んでいても（親ではないからでしょうが）ガリ勉でないから好きよ、といってくれるなど。

そして学校でも、信じられないほど鷹揚な先生方と友人たちに加えて明るい素敵な女子生徒達の存在のおかげも疑いなくあったでしょう。後の同窓会でよくからかわれたのは、教壇で相撲を取っていて先生が授業のために入っていらっしゃっても二人とも気付かず、先生は入り口でだまってニヤニヤ立って待っておられ皆がくすくす笑いはじめて……といった話です。雰囲気を伝えるためにもう一つ。授業の終わり際に鐘が鳴り、ラジオの「話の泉」だったかの終わりのアナウンサーのセリフ「笑っているうちに鐘がなりました」を（ハネッカエリだった誰かが）まねて叫び、先生と皆で笑った、などというのもイギリスの学校では考えられないことでした。なお相撲といえば、先生方も臨海学校のとき砂の土俵で生徒たちの声援を受けながら三番勝負をされたりなど、身近な楽しみでした。

さて受け入れて下さった先生方や同級生から見れば、イギリス帰りのいたずらっ子はチビとはいえ目立った存在だったでしょう。注目されるということは多分誰にとっても、元気がでる、恥ずかしい、怖いの三つの感情が入り交じり、だんだんあとの方の感情が強くなってゆく（少なくも日本では）傾向のものだと思いますが、この頃の自分はどうだったか？　まず自分の実力によって目立ったわけではなく家族の都合でそうなったわけで、英語力もそれに付随するものですから英語で目立つのが楽しかったわけではなく、英語の授業はむしろ我慢のときでした。私が当てられて読み始めたとたんに教室がシーンとなったのを憶えています。それをオヤ？　と思ったから憶えているのでしょう。一方、国語や日本史などでは漢字の読みがしばしばトンチンカンだったので、プラスマイナス0に近かったでしょうか。あと思い出すのは、歌好きの女子生徒さんたちからクリスマスソングなどの英語の歌詞を聞かれ書いて渡したりしたこと、生徒のクラブ活動の新聞、たしか「附中ヘラルド」に頼まれてイギリスの中学での体験記を連載し好評だったらしくこれは嬉しかったこと。またイギリスでの習慣のままに腕時計をつけて登校していて、腕時計はつけて来ないように生徒会からいわれびっくりしてやめたこともありましたから、気付かないところでも目立ってしまっていたかもしれません。

「怖い」の感情がわかったのは、相撲を通してでした。教室前の廊下で幼なじみのI君と相撲を取っているうち興奮してきたらしい彼に（腰にしっかり乗せての上手投げで）繰り返し床に叩きつけられはじめました。「いい気になりやがって」といわれたように聞こえ、人だかりも。具体的に何がいけなかったのかは関係なく、何となく「いい気になっていたらしい」と感じました。彼もやり過ぎたと感じたらしく、翌日も「相撲をとろう」とニコニコ肩を叩いてくれ、逃げても何度もさそってくれましたが。このような形で友達から暗に怖さを悟らせてもらえたのは非常に幸運であったと改めて思います。言葉では表現しづらい感情の表現が変則的な「校内での相撲」でならできた！　ということでした――当時はそこまで考えませんでしたが。

帰国子女を受け持つのは英語の先生にとってはちょっとした試練ではなかったか。でもとても良い先生方で助かりました。のちに帰国したウォーミンスターの後輩の場合などは、気を使っていても（いたから？）先生に嫌われ通しだったとか。ここでちょっと思うに、先生の発音の関係もあったのではないか。私も当時級友の発音への違和感は多少感じたろうしそれが全く表情に出なかった自信はないのですが、先生方の発音は幸い実によかったのです。その友人の場合、もし先生の発音に違和感を感じ、いくら気を使っていても一度どこかで顔に出てしまえばそれだけでもう「馬鹿にされた」と嫌われかねなかったか、とも思えます。後に教師になってわかったことですが、教壇からは生徒一人一人の表情がよーく見えてしまうものですから。

私自身の当時の英語の勉強は、というとやや情けない話になります。本場で折角身に付けた英語を忘れないようにという親の計らいで、近くの町に長く住んでおられるイギリスの老婦人のもとに週一回英会話のレッスンに通うことになりました。ところが「つまらないことをやらされている」という気持をお互いに隠せず、一回位でやめてしまいました。また県内の中学対抗英語弁論大会というのが晩秋にあり、代表で出るよう先生方に勧められて出たのですが、学校や級友の期待にそえず、四位に終わりました。発音がアメリカ英語でなかったから？　アガってしまって言葉が出なかったから？　どちらでもなかったようです。「自分で作文してそれを話す」という主旨を全く理解しておらず、題目として選んだのがシェイクスピアの劇の中の（シーザーを暗殺したブルータスに対抗した）アントニオの演説「友よ、ローマ人よ、同国人よ、ちょっと耳を貸してくれ」、これはイギリスの先生から餞別としていただいたシェイクスピア全集からの「原文そのまま」だったので「中学生がわかっているとは思えないし」と評価されなかったとのこと。きっと、うちの先生方はその事を事前にアドバイスして下さったのに私が「耳を貸さなかった」のでしょう。優勝した私立校の生徒の演説は「勇気を奮い起こそう」(Call for Courage) という迫力に富んだ見事なものでしたが、二位でもなく四位とは……。

競技の重要事項にうかつな「独りよがり」で失敗した経験は他にもいろいろあって、秋の運動会の４００メートル走でオーバーペースで先頭を切ってゴールイン、と思いきやゴールテープの手前で足がつってしまい泳ぐように倒れ込んで、後続に抜かれたというのもありました。その直後の閉会式で先生が「どうも最後の粘りのなさが気にかかる」と言われたときは、自分のこと？　そういう問題ではなく競技のこと「４００メートル走のペース配分の基本」を知らなかっただけなのにと悔しく思いました。ちょっと精神論が過ぎているのかな、とも。

日本史――もう明治維新になっていた――や、国語の授業――万葉集や金子先生の力説された「もののあはれ」など――は新鮮に感じられました。イギリスに英国文化があれば地球の反対側の日本には日本文化があるぞ、と誇らしく思え、漱石など中心に文庫本も読みあさりました。学校への往復では若宮大路という鎌倉の中心街を通っていましたが、本屋と文房具屋にしばしば立ち寄り、文庫本とわら半紙をよく買っていたようです。帰国後に受けた最初の国語の授業で、山部赤人の反歌「田子の浦ゆ……」の前の長歌「天地のわかれしときゆ神さびて……」を暗誦させられた記憶があります。長歌と反歌がセットになっているということの強い印象はのちの仕事上でのメタファーの工夫に影響しました。

読書は友人の影響も大きかったと思います。漱石文学も、ただ何となく面白いと思っただけかもしれませんが結構何らかの糧にはなっていたでしょう。たとえば草枕にせよ出だしの口調のよさから、峠の茶屋のお婆さんとニワトリ、赤いツバキが次々落ちて池を染めて、山寺の白モクレンの花と広い枝間を通しての青空、等の描写から想像した日本の原風景のようなイメージ、合わせてそこに漂う情緒、那美さんに身内の遠縁を連想したり、等。

これらは当時多くの子が読んで共通の話題の種にもなっていたと思います。「ツバキが池にポトリ」のくだりは、通学路が共通の友人が「暗誦したぞ」といったのを聞いて「自分も」と思った記憶があります。書く文章に「ある種の漢字を多く使う」のも我々の時代の漱石ファンの特徴で、友人の文章を読むと漱石からの影響が何となく感じ取れます。ところが最近、なじみの書店が縮小され今や漱石の本すら置いてないことを知り愕然としました。漱石にせよ、どの文豪にせよ、これでなくてはいけないという程強く傾倒したわけではありませんが、

共有された文化を持てるのは嬉しいこと、持てないのは淋しいこと。

その半年後に「プロジェクト研究」という自由研究で「数学の歴史を一緒に調べよう」と幼なじみの同級生佐藤方彦君に誘われたことがのちの転機のきっかけになりました。峰田周一『偉大な数学者たち』（筑摩書房）を読み進むにつれ感動が深まり、数学という学問にも「数学者」というのがいる、そして数学は数学者たちの知性と情熱で「熱っぽく創られてきたのだ」と初めて知ったのです。大昔のピタゴラスや物理では湯川博士などのことは聞き知っていましたが、近代数学での発見物語は初めてで、まずガウスに憧れました。

プロジェクト研究は、中学校が大学の教育学部の付属であったために組まれた企画でした。ただ数学の授業は週にたったの二時間！　幾何と代数一時間ずつでした。幾何の若い先生の風貌がガウスに似ているぞ、というわけで佐藤君と示し合わせて、先生に会うと「ガウス！」と囃したもの（「坊ちゃん」が先生をしていた中学の生徒たちよりずっとましだったわけで）。幾何の好きな青木クリちゃんとよく幾何の問題を出し合って楽しんだものです。解けたときの鮮やかさの快感を共有できるのが楽しくて。

卒業が近づきましたが、学業優秀な子は進学系の高校へというわけではありませんでした。家庭の事情の突然の変化でやむなく就職し夜学を経て後に大学に入った親友もいましたし、女子が男子系進学校に行くのを家庭が許さなかったらしかったり。ですから当時の中学卒業式は、子供の夢と家庭の事情に基づく大人的判断の狭間にあったと思います。筆者の場合、まだ子供でいられたという点で大変恵まれていました。この学年では卒業後六十数年たった今も近辺の同窓生中心の集まりが続いていて、ときどき参加できるのが楽しみです。

コラム C4 議論のスタートは結論提示か要因提示か

クラスなどで討論をする機会が中学では増えてくるでしょう。何らかの社会的な問題、たとえば

「災害時に学校の校庭を使うことについてどう思うか、イエスかノーか」

など議論する際の「議論の進め方」ですが、どうも「パッと意見を持ててそれを説得できるのが良い」という風潮があるようです。果たしてそうでしょうか。パッとが必要なのはむしろ自由な連想力、その判断を左右するべき

「さまざまな要因を沢山思い浮かべ列挙できる」

ことではないのか。個人単位でもこの連想力は役に立つと思いますが今は集団単位の話、参加者それぞれ自分が気がついた要因を（複数ずつでも）提出する。その段階では「誰も結論的意見は言わない」ことの方が大切ではないでしょうか。たとえば上の問題の場合なら

人命最優先、他に避難場所があるか、校庭の収容力は？　衛生面は？
体育の授業はどこで？　いつまでもどいてもらえなかったら？　代替案は？
など検討課題が山積で、それぞれ「独立に冷静に」皆で検討されるべきなわけです。それによって各人が責任ある意見を持てる前提がやっと整うわけですから。最初から結論を述べてしまうと別の視点からの要因の検討そのものに反対したりと、知恵のない方向にいってしまいかねないのではないでしょうか。

以上は「議題が参加者それぞれの個人的な利害関係と複雑に絡んでいない」という単純化された仮定の元での話でした。普通そうはいかないでしょう。

でも青少年の頃ならそういう利害関係は少ないでしょうから、この時期からこういう議論の進め方に慣れていれば「自己の利害」と「自分が重要性を強調する特定の要因」（いわば主体と客体）を冷静に区別する感覚と習慣がつく元になるのではないか、との願いも込めての話です。

5　高校時代

《湘南高校》入学した湘南高校は鎌倉のとなり藤沢市にあり、文武両道の県立高として知られていました。夏の甲子園ではその五年前、「頭脳的ピッチング」といわれた田中投手を擁して優勝し、名三塁手の脇村選手は勉強にも励んで東大法学部に進学しました（そしてのちに高校野球連盟の会長も）。鎌倉の付属中学からも十数人ほど入学したと思います。遠くさかのぼって前身の湘南中学には実は父も創立第一期生としてお世話になりました。やはりよく勉強して第一期の秀才として名を残したとのこと。でも入学式で校長先生に「ところで今回は第一期卒業生の子息も入学しました」に続いて名指しされ手まで挙げさせられたのにはまいりました。担任になられた漢文の添田徳積先生――チョビひげに柔道部顧問らしい堂々たる体躯の先生――にも眼鏡越しに穴のあくほど見つめられたり。またもや自分の力でないところで目立たされ、過分な期待までされてしまったらしい、やれやれ、という出発点でした。

「添田先生ってどういう先生ですか?」入学前の春休み、家の近所で気安くしていた湘南高校一年先輩の富田君、叔母によると「あの子、急に背が伸びちゃって、びっくりしたわ」、に尋ねたら「いい先生だよ、でも落とすこと甚だしい」との答え。てっきり試験が厳しいのだと思い、また最初に凝視された「睨まれたカエル」気分もあり、漢文は特に必死で勉強しました。お蔭で前期の漢文の試験では全校ただ一人満点。ただし漢文でよい成績がとれたのはこのとき限り。都立日比谷高校に転校した二年生のときは（そこでもなぜか担任の先生は漢文の先生でした、が注目されてはいなかったし）漢文への関心は急降下しており、前、後期とも50点満点でヒトケタ得点。答案を返される時に先生に「できとらんぞ」と注意されやはり「蛇対蛙」気分になりました。湘南では満点で日比谷では落第点、というのが湘南の名誉に関わったとまでは思いませんが、添田先生ごめんなさい、です。ちなみに富田君がいった「落とすこと甚だしい」の落とすは、雑談の中でハナシをオトスという意味だったと後で悟りました。なーんだ。

校庭広々、校舎も立派、前述のように運動部も盛んでした。部活は、祖父は「水泳か英語がよかろう」とすすめてくれましたが、内心入りたかったのは相撲部で、これは中学からの友達に「絶対ダメ、こわされちゃうぞ」と諫められました。むろんそれが正解。合唱部に入って「ウィーンの森の物語」などに参加しました。一学年8クラス、1クラスほぼ50人、うち女子は私の入ったクラスではたった3人で気の毒でした（うち一人は学園祭の

「修善寺物語」で主役の「かつら」）。クラスの遠足がまず企画されました。長瀞？（ただの水じゃん）、昇仙峡？（ただの石じゃん）でワイワイ、無難な富士五湖になり往復のバスで騒ぎボートで遊びぐっと親密になりました。クラス対抗の柔道大会でも、特にうちのクラスはよくまとまっていたと思います。すぐ後の席の柔道部猛者の井本君、遠くの席だがウマがあった山内君、同じ阪神ファンでその後も文通をしていた城田君、下校時に乗り換えの大船駅ホームでふと「3乗して1になる数（複素数）は3つある」と呟いて「何か」を悟らせてくれた付属中以来の友人の飯島君、……。

授業では山田先生の幾何や佐相先生の化学がとくに印象に残っています。若い山田先生は大きな元気な声で「もんだーい」と叫んでは沢山問題を出され、ときに「質問はないかナイナよし！」と立て続けに叫んで生徒を笑わせておられましたが、y=1/x のグラフの話で「xは0ではダメだけど、ほんのちょっとでも0から右にはずれると、はるかはるか上の方からyが下がってくるんだ、この感覚、君たちにわかるかなあ……」すごく印象的なイメージ！　つぎは、たぶん佐相先生だったかと思うのですが、理科の授業で「君たちのなかにアインシュタインいるかなあ、いそうもないな」。原子量の表をみせて、H 1.008, He 4.003, Li 6.941,……「何か質問ないか？」に誰も答えず、「やっぱり……」といった表情。「値が整数に近いのは、たまたまですか、理由があるのですか」と聞きたかったけれど、陽子、中性子などの話は別の本で一応知っていたのでそう聞くのはフェアでないと思ったのか何も言い出せず、他の級友も同様だったのでしょう。でも先生の表情をみて、アインシュタインでなくてもこれからもっと積極的に発言しよう、と思ったものでした。これらに限らず、それぞれ個性あふれる「生きた授業」でした。

夏休みは父方の祖母と叔母の住む東京で過ごし、そのとき叔母の勤務先の国会図書館の書庫で一年前のプロジェクト研究で読んだ数学者の伝記をみつけ、床の上に座り込んで今度はアーベル、ガロアなど早世した十九世紀初頭の天才達の話を読みこんで感動しました。まず「5次以上の一般係数の代数方程式は四則と冪根であらわせる解をもたない」というアーベル、ガロアの定理の神秘に惹かれ、特にガロアの証明に新概念の「群」が重要な役割を果たす、ということに好奇心を抱きました。

「群」!

数学の対象が、数と図形と関数だけでなく置換、回転など「動き」や「作用」などに広がり、それらの「合成による積」の構造を抽象化した「群」という概念があることを知ったのは自分にとって革命的でした。n次方程式が与えられたときガロアが着目したのは次のことでした。まずn個の根の任意の置換（根の番号づけを自由に置き替えること）を考える、次に「よい置換」と「ダメな置換」を区別する、そしてよい置換同士の合成は又よい置換になるから、よい置換の全体には積（一般には非可換）の構造が入り、それは群をなす、その「群の構造如何」が問題と結びつく！だったのです。ここで「よい置換」とは、n個の根の間に成り立つ「有理数係数のn変数多項式＝0の形の関係式」をすべて保つ置換のこと。「すべて保つ」は（文字通りなら）無限通りを確かめなくてはいけませんから、こんな難しい群を考えるよりも解いてしまった方が早いだろう、というのは古い考えだったのです。

冬休みになって、遠山啓『無限と連続』（岩波新書）を買って「はじめに群ありき」という章で群の理論の実際にふれ、未知の概念と構造の面白さにどんどん引き込まれていきました。まだ啓蒙書の段階でしたが自分の数学への関心に「火がついた」のはこの時期だったと思います。

ところで私の高校一年の後半は、帰国した家族が次の春東京に引っ越すことになったため勉強の主軸の変換を迫られました。都立高校の編入試験を受けることになったからです。そのとき特に化学の計算問題集に取り組んだのは、湘南高校では理科三科目を平行して進めていたのに目的の高校では一学年一科目なので、受験する科目を一つ選択しないといけなかったからです。（なお社会科も同様で、最初で最後になった「経済」の勉強も）。でも不思議なことに、これはこれで解くのが面白くなり苦痛ではありませんでしたし、数学の「はじめに群ありき」の解読と両立していたと思います。この頃は自分としてはそれまでにない「猛勉」の日々で、編入試験での答案は最初の満足感と達成感でした。一方、後でわかったのですが化学の本質の理解は電子レベルでの理解にあり、計算問題中心の勉強は無駄をしていたようにも思います。学問の勉強をすぐ「手仕事レベル」にしてしまい、あとは正確さと速さを競う、それでよいのでしょうか。

《日比谷高校》 幸い5人の合格者の一人として編入学できた都立日比谷高校。受験校として知られていましたが、実はたいへん自由な校風でした。例えば1学年8クラスの新学年ごとの再編成は、

生徒達が校庭に集まる、あらかじめ等間隔に立てられている8本の旗のどれかを友達と誘い合わせたりで選びそのもとに並ぶ、それから50人ずつという人数調整の為の若干の移動が係の呼びかけに応じてなされる、

という方法でした。公認のBFとGFも悪びれず当然「ごいっしょ」。科目別のクラス編成も同様。自治会活動、部活も活発、生徒それぞれがそれぞれの方向で個性を存分に発揮しているように見え、どのクラスにも何かしらの分野で並でない特徴、特技をもつ子が沢山いたのが印象的でした。

たとえば吉田昌司君（二、三年とも一緒）は数学も古文も（ピンポンも）抜群、音楽に秀で後に作曲家になられた牛腸征司君、イタリアの歴史小説などで有名な作家になられた塩野七生さんも同学年だったようです。ある（別の）有名な小説家が当校のわるくちを広められたのは驚きです。私は大変良い印象を受け恩恵を蒙った校風でした。湘南高校では自分も級友も子供でしたが日比谷では大人の中に入れられた感じ。生徒達が生意気でしたから先生方は大変だったでしょう。そして有難かったポイントは、生意気ざかりの生徒達を学校や先生達が規則や授業内容で支配しようとされなかったことだった、とつくづく思います。

生徒達が二年の秋に企画した（担任の先生とも一緒の）クラス親睦旅行。秋休み中ということで（耳鼻科の手術の予定があった）私はあいにく参加できなかったのですが、その案がワクワクする船中一泊の伊豆大島。「校則にもとる」と先生に却下されると思いきや、皆が偶然会って、ということにしたら？　との生徒側の窮策をあっさり飲まれ「では竹芝桟橋で夕方〇〇時、偶然会ったことで、な！」中谷盛国先生の太っ腹ぶりでした。

校内での生徒のストレス発散の記憶に残るパターンというと、まず校庭はアスファルトなので生徒も革靴、そして狭いので昼休みにはボールを高く投げジャンプして捕る、または相撲、ただし輪のなかで手頃？な相手を見つけて声をかけても湘南のときのように単純ではなかった……「なぜ自分を選んだか」と皮肉っぽくいわれたり、やっぱりちょっと違う。屋上ではフォークダンス（オクラホマミキサー）。授業の合間には教室の後ろで単純なハンカチ取りとかアッチ向けホイなど。ちなみに昼休みの始めの校内放送のテーマ曲は、のちにそれと知ったのですがモーツァルトの小夜曲「アイネクライネ……」の第3楽章メヌエットの心地よい調べでした。二年の終わりの修学旅行の京都の旅館では豪快な笑いが似合うあの渡辺君が中心になって音頭をとり皆で長時間、腹の底から笑いまくったのを憶えています。

個人的には二年の終わり頃、有志で歌うハレルヤコーラスに参加しました。ソールズベリー大聖堂で聴いたメサイアのハイライトを自分でも歌えるのが嬉しく、これが四部合唱を団員として体験できた最初でした。全校では男女3対1の人数比でしたが、ここではソプラノが質量ともに圧倒――いや実は一人、あの「プリマ」さんの御陰でしたが。二年生のときの正月（たしか河口湖に）友人数人でスケートに行き、一度は強風に押されて「ミシミシ地区」に突入してしまい、文字通り薄氷の思いをしました。友人は、そのときだけの友達というよりも、当時はあまり知らなかった同士がのちに何かのきっかけで深くおつきあいするようになったというのが多かったと思います。当時からの吉田君のほか、星野慎吾君、池田隆君、桐村俊一郎君など。

授業について。数学の授業はやはり楽しく、ときにストレス解消にもなっていました。与えられた問題が鮮やかに解けて自己表現できたときの気分のよさです。たとえば安田先生。ある面白い問題を「暗算でやれ」「こんな問題ができないのか、天下の日比谷高校生が全滅か、涙が出る、本当の涙は内側にだ」などと上手に挑発されるのですから黙ってもいられません。内心「先生有難う」。

佐藤健太郎先生の有機化学（三年生の自由科目）では次々と興味が刺激され、授業後に追いかけてさまざま質問をしていたようです。分子式を書いて「こういう分子は実在しますか」など。うるさがらずにその内容と意欲を評価し答え励まして下さいました。河内正行先生の音楽の授業は、最初に「音楽理論はどうですか、面白いですよ」といわれたのですが生徒の多数がいやがったので（音楽鑑賞と）声楽になりました。最上階の音楽室で一冊の「イタリア古典歌曲集」を一年間組織的に。心地よい流れのイタリア歌曲ですからストレス解消にもなったと思います。試験ではマルティーニの「愛の喜びは」を一人ずつ（イタリア語で）歌わされ、これもめったにない自己表現の機会でした。先生が何度も弾かれたあのピアノ前奏はずっと耳に残っています。

一年生後半からの数学熱、しばし休んでまた高まりました。岩波文庫で翻訳が出ているアンリ・ポアンカレの『科学と方法』『科学と仮説』『科学の価値』の三部作など、読んだのはまず啓蒙書の類いでした。友達の一人がのぞきこんで「え、数学にも思想なんてあんのかよ?」。

クラス雑誌に「美しいもの数学」という記事を書いたのはポアンカレにかぶれていた頃。でも、それまでは数学漬けの私を「単なるガリ勉」と見て快く思っていなかったという同級生、背が高くて校庭（ジャンピングキャッチ）でも教室でも目立っていたH君、がそれを読んでから俄然好意を示してくれるようになりました。二年の後半ごろからは、日記によると、大学生向けの『基礎過程微分積分学』（直感と論理の調和の快適さ！）や秋月康夫の『高等代数学』（簡潔で快適）、そして竹内端三の『群論』（神田の古本屋で見つける。途中かなり難渋）に取り組んでいました。

そして吉田君とは授業の合間など教室の後ろの黒板で二人でいつも嬉しそうに数学の話をしていた、と同窓会でもいわれます。そうでした。彼が難問を見事な工夫であざやかに解くのにほとほと感心していたことが当時の日記にも書かれています。のちに東大工学部から大手のガス会社に入り、欧米のボイラー方式でなく蛇口をひねるだけで作動する湯沸かし器の開発に大きな貢献をされました。なお「数学ばかりやっていても百点以上はとれない（それに数学だって百点とれていない）、もっとバランスよく勉強した方が身のためと思う」といった忠告を、先生から（それほど強くではなかった）、父から（心配してかなり強く）、そしてクラス切っての秀才D君からも（「これは心からの忠告だよ」とはっきり）言われていました。では受験勉強ペースの参考になる校内模擬試験の成績は、というと「一応範囲内」ぐらい。基本的にのんきだったのか、数学愛はまだ続いていました。

このように好みの科目が特殊化されてきて、先生方との心理的な距離も偏りつつありま

した。いつのまにか「勉強は自由な思考による楽しいもの、そしてそれが当然！」と思うようになっていました。たとえば誰かが

「この論法は正しいでしょうか」

と先生に質問したのがとても奇異に感じられました。

「論法が正しいかどうかは先験知」

であって、先生に認めてもらわなくても「自分で分かること」ではないか、と。

高校時代もよい先生方とよい学友という「個別な環境」にも大変恵まれていたと思います。でもこれはたまたまの幸いであって、より普遍的な意味では

緊張の期間とのんびりできる期間が交互にあったため、鍛えられたり自分を取り戻せたりの両方ができたこと、

これが断然よかったのではないかと思います。全く異なる環境に置かれたとき（イギリス

の寄宿舎など）の恐ろしいほどの緊張感、高校入学と編入のための二度の入試準備の時期の苦しさ、やや慣れてきて先生や友達との信頼関係ができ、母国の級友たちと再合流できたころの安心感、などが（↓コラムＣ５）。

《将来への選択》 当時の日記によると、数学者をめざしたいけれど自分にもできそうかどうかについてさんざん心配し、数人の先生方にも相談にのっていただきました。「君ぐらい熱心なら何をやっても」と励ましてくださったのはむしろ化学の佐藤先生で、数学の御大Ｏ先生（私の担任ではなかったが、斬新な講義が有名でした）には「他のどの科目も出来る子でなくては」と追い払われた感じでした。

私自身は、数学は難しいから自分にどこまでできるかわからない、だが（ときどきの試験の出来や成績は重要でないし）よい成績をとる事なら日比谷高校ででもその気になればそう難しくない、と色々な科目で成績が大きく上下したときの感覚で、感じていました。「やればできる」というより「やらないとできない」の方が主な体験だったのにいい気なものでしたが、もともと楽天的なのか。ですから佐藤先生の励ましの方を無意識に選んでいたのでしょう。

とにかく高校二年の終わり頃までには心に決めていて、あとは家族とくに父に納得してもらうことでした。ここまで書きませんでしたが私は家族、特に父からは、好き嫌いに基づく勉強への姿勢が好まれなかっただけでなく、学力自体も評価されていなかったのです。それは父の眼でみた能力判定にはそれなりの裏付けがあったので仕方ありません。とにかく

「康隆が数学を？　まさか！」でした。

父を説得するためのバカバカしい程の「精神的武装」ぶりが当時の日記に長々と書き込まれていて、読み返すに耐えません。自分の意志の力でよい成績をとって、という秀才型を心情的に嫌い、美しいものには「それを最大限に感じ取って流されるべきだ」などと書かれているのですから。ただ、ある夜中に書き足されたらしい日記の部分に「自分が世の中の役に立つ可能性は、科学の分野が一番高そうだ」というのがあり、これはまあ穏やかでした。数学はともかく、とりあえず「理系」ということは父も結局認めてくれました。優秀な級友たちのかなり多くが、それぞれの家庭の事情で早く安定したよい職業につくようにと父親に言い渡され、そのため大学受験と将来の進路の選択肢が限られてしまったといった話をおいおい聞くにつけ、自分は大変恵まれていたと思います。

ところで当時の社会常識として「数学」という分野も「大学の先生」という職業も、そ

の特殊性が危惧されていたと思います。

まず数学については、

「大学に残れなかった場合の就職先は保険会社などに選択肢が限られるぞ」

また大学の先生についても
「宮仕え」「教授の金魚のフン」

「上の人が短期間で入れ替わらないから陰湿な雰囲気だぞ」

といわれました。

ところが幸い

（1）ソ連の人工衛星打ち上げのあおりで理系の大増員があり、
（2）数学は評価が国際的です。

このうち（1）については、理系の学生定員増員の恩恵を蒙ったのは後の世代からでしたが、教職員増員の恩恵には我々の世代から多いにあずかっていたと思います。

また（2）については、たとえば4年に一度の国際数学者会議の招待講演者は、国ごとに国内で決めるのではなく、分野ごとの国際的な専門家の委員会で決めるのです。オリンピックよりさらに国際的基準に依っています（ソ連は反発）。こういう国際的な評価は国内の大学でも無視できませんから、少なくも数学では当時からそれほど閉鎖的ではなかったと思います。

（追記）その後、数学科卒業生の就職先は幸いずっと広くなりました。数学を本格的に勉強した学生の「取り柄」についての世間の認識が変わったからでしょう。以前頼られていた計算能力は計算機に取って代わられましたが、より大切なこととして

「構造の理解力、全体構造の把握力に特徴がある」

ことが徐々に知られてきたからではないかと思います。純粋数学分野の筆者の（東大大学院修士課程）ゼミからでも、80年代頃からでしょうか、大手金融機関などに採用されそういった評価を受けつつ活躍して後輩への道を開いた人物が何人か現われびっくりしたもの――たとえば亀澤宏規君は三菱ＵＦＪフィナンシャルグループの社長兼グループＣＥＯとして現在ご活躍中です。他のゼミの異色の後輩では、外務省で活躍された梅本和義君（新聞の「ひと」欄によると現：国際交流基金理事長）、そしてより近い世代では元広島市長の秋葉忠利君も数学科の卒業生です（第一段階から先は、無論、ご本人が別方面にも目覚められたからでしょう）。

コラム C5　緊張と余裕の期間はなるべく交互に

この節でふれたように、私は「緊張の期間とのんびりできる期間が交互にあったため、鍛えられたり自分を取り戻せたりの両方できたこと」で助けられていました。

関連して、阿部謹也×日高敏隆『新学問のすすめ』(青土社)は、書かれた時代の風潮を反映しつつ普遍的な示唆にも富んだ貴重な書物ですが、ここでは部分的な反論を。

この対談の中で阿部氏は

「ぼくは、学生の負担を軽くするという発想は間違っていると思います。若いときにうんと負担をかけないとだめなんです。」

と述べておられますが、これでは私だったらさぞ困ったでしょう。負担を先生にかけられっぱなしでは硬直化してしまいます。負担に耐える力がある程度ついたら、今度は生徒が自身を教育するため自分で考えて選んだ負担を「自分で自分にかける」、その余地こそが大切ではなかったのか。教師側としてはなぜ中間の教育課程での学生の負担は、重くなったり軽くなったりの波のあるのが一番という当たり前の発想ができないのでしょうか。

むろん定期試験前と後のような小さな波は常にあり、これも学生が生き延びるために必須ですが、ここで提唱するのはもっと大きな波を、ということです。たまたまの転校しかないでしょうか。

「ゆとり教育かそうでないか」のどちらか？　というのも同様。「その中間の適度な波」という提案はなかったのか？

６　大学（教養課程）

昭和三十二年（１９５７）の春、東京大学の理科一類に入学し、クラスをベースにした大学生活が始まりました。数人の級友とは谷川岳の麓の学生寮で夜を明かして語り合うなど懐かしい思い出も多々ありますが、この時期はまだ交友のほんの始まりでした。専門の異なる分野に分かれそれぞれが落ち着いてから後にこそ「味のある」おつきあいに、とくに尾崎洋二君（天文）、廣田勇君（気象）とですが、深まったように思います。一般教養科目の多彩な講義もその価値がわかったのはのちのちでした。部活は合唱部の一つに入り夏の合宿からはシューベルトのミサ曲ト長調など美しい曲に取り組み始めていたのですが、長続きしませんでした。

最初の一年間は、個人的にはゆとりの時期だったかもしれません――受験勉強の疲れ、ドイツ語などの新科目の新鮮さ、二十歳前後の若者としての悩みや迷い、封印されていた音楽にも魅かれ、自宅の机は我が家の次の受験生にゆずるなど、やや散漫な中間期間でした。

ここでは数学の先生方との出会いと先生方に啓発されたり考えさせられた話に焦点を絞

りましょう。大学でもクラスとクラス担任があり、私が所属した理一３Ｂの担任は数学の久賀道郎先生でした。先生にはどれほど励ましていただいたか言葉につくせません。まだ若くて（約十歳年長）、当時のフランキー堺さんをぐっと知的にしたような、とにかく明るくて声が大きい、学生の親身になって下さる、ものをハッキリ、クッキリ言われる新潟高校ご出身の先生で、のちにモジュラー関数論、アーベル多様体論などで著名な業績をあげられました。コンパの余興でオペラのアリアを朗々と歌われたこともありました。モーツァルトの「魔笛」の「タミーノ」のアリアだったようにも、いやバリトンの曲だったようにも思えその記憶はあやふやですが。そしてクラス担任としての開口一番が

「君たちはこれから理科系が重視されるという、とてもよい時代に理科一類に入った」

といった励ましの一声でした。全くその通りだったと思います。ちなみに理科一類というのは、理科系のうちの非生物系の分野への準備段階で一、二年は一般教養、三年からは理学部、工学部などの各専門学科に進学する方向でした。級友の一人が「自分は地球物理にも哲学にも歴史にも興味をもっていてどれから勉強してよいかわからない」と相談した際は「哲学、歴史も面白い、だけど、もっと年をとってからでも始められる、でも数学、物理などは若い時しっかり勉強しないと遅くなる」とアドバイスされたそうです。

クラスの数学の「解析学」の講義も受け持たれました。大学のトップクラスの研究者はさすがに違うと思いました。細かいことより核心にいかに焦点を当ててそこをくっきり印象的に伝えるか、この熱意と工夫と説明の明快さ！　伝えるべきは、数学用語でいうと適切な「ホモモルフィック・イメージ」つまり

「大掴み構造」

が主、ということでした。先生ご自身が生徒の頃、折角ゼミで話をしても教授に居眠りされるのでどうすれば聞いてもらえるかといろいろ工夫されたそうです。高校では受験対策として「生徒が間違えやすい所が重点事項」になっているから、たとえば「分母が零にならないか気をつけろ」だけが印象に残った授業もあったような。

久賀先生からはその後、研究発表に関しても、何を話すかよりも「何を話さないかを決心しておくこと」が大切、と教わりました。重要と思うポイントをクッキリ表現すること「こそ」大切なのに「あれもこれも」と欲張るとポイントがぼやけてしまう、と。そうはいわれても「若いうちはわかっていない」もの。聴衆は予備知識もさまざまだし何を知りたがっているかもさまざま。これが実感としてわかっていない、そして時間の配分にも慣れていない、そして自分が好きなディーテールも聞いて欲しいからつい欲張ってしまう。だからこそ、よく考え直して整理して、あらかじめ「これは話さない」と決心しておくこ

とが大変役に立つのだ。これは実際的なアドバイスだったわけです。

先生の講義は天下り式ではなく、こういう状況で次はどうすればよいと思うか、など具体的なことを生徒に尋ねられます。生徒の頭脳も回転がよくなり、発言の機会——今まで少なかった自己表現の機会！——にも恵まれます。

先生「こういう「二項関係」を抽象的に定義し直すにはどうすればよいか？」

生徒「直積集合の二つの部分集合への分割ですか」

先生「え——とんとんとんとんとん——それだ！　直積集合の……部分集合だ」と黒板を叩いて考えながら言われる（クレッシェンドで）といった調子。あるときは問題を出され、

「これはちょっと難しい。できた人には　えーと、チョコレートをあげる！」

私も挑戦しましたが、次回までに見事に解いてチョコレートをもらったのは後に物理学者として活躍され東大の教養学部長も勤められた市村宗武君でした。

授業中、そして授業後も、生徒たちの頭脳が活性化される。これが大切。先生の授業はまさにこれでした。

その市村君を含め数人で横浜市郊外の先生のお宅に遊びにいったことがありました。出迎えに来て下さった先生は国鉄（いまのＪＲ）保土ヶ谷駅の改札口で仁王立ち。一緒にちょっと買い物をしてから坂を登ってご自宅に。先生の大きな広い机――ピンポン台のようなー―にさすがにこれがプロの仕事机だなと思い、その他、書物やノートなど

「数学者の原点の近傍」

の雰囲気を直接味わうことができました。ノートのどこに「数学者の原点」を感じたのか。ひとことで言えば「数学日誌」と「日記」の一体化だったと思います。先生の数学のノートには連日日付が書きこまれており、その日の考察の軌跡が辿れるのです。数学上の考察や計算は、ふつう近くの紙（余白があれば何でも）に書き散らすもの。新聞紙でも会議用の書類でも紙ナプキンでも。そしてまとまった段階で初めてノートに付けるのですが、これだと「まとめるよりすぐ次に進みたい」ときの分が散逸してしまいます。また失敗の軌跡が辿れなくなります。試行錯誤でダメとわかったこともキチンと記録しておくとあとで役に立つ、ということものちに実感しました。

さて、たしかその際、先生に「君たち物理は得意か」と聞かれ、物理の教科書には納得できないところがあって悩ましいと打ち明けました。その「説明」では一つの分からない

ことを別の分からないこと（ただしこちらの方は何となく分かった気にさせられやすい）に帰着させているだけじゃないの？　と思ったからです。久賀先生もある雑誌に「物理学教科書への八つ当たり」という記事を書いておられましたから、これは物理学自体の問題ではなく、当時の教科書の問題、または物理学者と数学者の感覚の相異の問題だったのでしょう。

そして世間では、学校の先生への勤務評定導入の議論の中で「八百屋の林檎も値段がついている、教師も評価されるのが当然だ」などという「論理」がまかり通っていました。「評価に対する評価も必要」とは主張されない。新聞でも、非論理的な「だから」がまかり通っていて、「新聞を読むと頭がおかしくなる、新聞はもう読まない」と友達に宣言して驚かれました。とにかく、分かる分からないの区別と言葉の精密な使い方が文化の基本として如何に重要か、これをつくづく悟ったのは多分この時期だったと思います。

もっと個人的に久賀先生に接することができてそれがキッカケで再び数学に集中するようになったのは、一学年の終わりの春休みごろレポートを届けるため久賀先生の研究室のドアをおずおずノックしたときからでした。レポート自身よりその源になった思考錯誤一杯のノートをご覧になって、考え方がすごいすごいなど（あとは自分の想い出専用）激賞して下さいました。その夜「ガスの元栓がしまっているか」を何度も気にしたのは、「自分は価値のある存在だったのか！」と初めて思えて心から嬉しく、まずイノチが大切だ、と急に感じたからでした。のちにそれが昂じて、アメリカにも飛行機でなく船（貨客船）で行きました。

一方、数学の別の問題の件で、志村五郎先生のお部屋も訪れました。当時使われていた「微分積分学演習提要」の中の証明問題の或る評価式が、テイラー展開の中心点を区間の端点ではなく関数が最大値を取る点に取り替えることで、改良できることに気付いて、その証明を聞いてもらいたかったのです。志村先生はすでに高次の虚数乗法論などで有名になっておられ、やはり教養学部の先生（専任講師）でした。証明を途中まで聞かれて「あ、そうですね」といわれ、さらに等式が成り立つのはこの場合しかないだろうという私の見立てについても、それが正しかったことをすぐ証明して見せて下さいました。そして、「君、名前は？」「黒板に書いて下さい」「浪人しましたか？」（先生は生活のため予備校の講師もしておられたとのこと）、「将来、何がやりたいの？」「なるべく純粋な、すーがくとか……」「そうねえ――」。

このときはそれで終わり。のちにフランスに行かれ、そこからの久賀先生へのお手紙で、私のことを忘れずにすごく気にしてくださっておられることを知り、大変有り難く思ったことでした。ちなみに志村先生が生徒が数学に向いているかどうかを見る第一は「服装にかまわないで目つきが鋭いこと」、次は精神的なタフさ、それをちょっと心配されたのかもしれません。「彼にこういう波を乗り越えて欲しい」と。

その後、先生方のすすめで、ポントリャーギンの位相群論（英語版）やワイルの「リーマン面の考え」（独語）の原書に本格的に取り組み始めました。コンパクト群の表現論、局所コンパクトアーベル群の（ポントリャーギン）双対性、リーマン面上の解析関数の構成、アーベル積分の理論、それぞれ歯ごたえ十二分でしたが、分かってみると何と深くて一般的でしかも美しいのでしょう！　やはり数学をやりたい！　久賀先生に進学先を数学にするかについて無論ご相談しました。「向いていると思う、でも本郷（専門課程）に行ったらこういうことを気をつけろ」でしたが、さてその後「数学に決めました」と報告したら、いわれたのが意外にも

「く　る　し　む　ぞ――」！

ご自身の体験からの実感だったのでしょうか。

久賀先生とクラス写真（理科1類3B）

志村五郎先生と筆者（プリンストン大学で）

《後日譚》 その後は佐武一郎先生を含め　内外の多くの方々の研究の影響も受けました。そして大学院では指導教官の先生方の相次ぐ「海外流出」によって先生方との距離が出来た関係もあり、比較的早く自分なりの研究の道に進めたと思います。いずれにせよ一番根っこのご指導はこの両先生からでした。

志村先生の励まし方は先生独特でしばしば誤解されているのは大変残念です。キツくいわれるのは真に心配しておられることの裏返しなのに、日本の学生に多かったのは、いわば海外在住の祖父母的な立場の先生の励ましは喜ぶのにもっと心配しておられる志村先生のような父親的厳しさを煙たがってなかなか正面から受け止められないこと。何気ない会話で「傷ついたこと」は私も何度かありました。その例の話ですが、過去の何気ない会話の意味あいを固定しようとしてお話するのではありません。その逆で、その流動性、不定性を強調し過度に考えないようにお勧めするためです。その最初が何年かのちアメリカ（プリンストン）で久しぶりに久賀、志村両先生に再会して二、三日過ごした頃のこと。三人で歩いていて野球の盗塁王の足に保険を掛けるという世間話になったとき

K先生「ところで数学者が突然才能を失ったときのための保険ってないのかな」

S先生（やや皮肉っぽく）「最初からなかったことがわかった、なんて場合は?」

きついジョーク！　そして自分のことをいわれたように私が感じたのはその一、二日前

のことがあったからです。セミナー室で自分の数学の話をお二人とエール大の玉河恒夫先生に聞いていただき、特にその表現論的な視点を強調したのですが、途中で玉河先生が「それに近い線のことを○○教授もやっていますね」と指摘されたそのとたん、ややうるさそうに聞いておられたS先生が「アイツはバカだよ！」。こんなことがあった直後でしたのでS先生の言は（どちらも）自分のことをいわれたように強く響いたのでした。バカ？才能がなかった？　しょげてホテルに戻り大きな鏡に向かって、もっともっと真剣に根を掘らなくてはいけないぞ！　と思ったことを憶えています。

なお、その表現論的視点は（私より広い視野で見れば、ですが）極めて重要であったことがその後（若いラングランズなどによって）わかってきました。また玉河先生の「○○教授も……」も事実です。○○教授の仕事と関連深い佐武一郎先生のお仕事の影響を私も受けていましたので。また志村先生が「最重要と思えないことにうつつを抜かす」のをバカと一言で表現されるのも先生流で、それはやはり余人にはなし得ない警告です。そして何年か後、同じプリンストンで私が講演することになり、その○○先生も志村先生も会場で聞いていて下さいましたが、○○先生が妙な?質問。そのときの私のとっさの反応について志村先生が笑って「君、ノーノーノーノーノーノーって立て続けに五回も言ったよ、一回でいいのに」。思わず出てしまう表現、本当に怖いものです。一方、志村先生らしい優しさに感じ入ったのは、その保険の話の（たしか）翌日、今度は二人だけでお会いすることになったときの「フォロー」でした。内容は……私の「想い出専用」です。錯綜とした中、さまざまな言葉が飛び交うもの。個々の言葉に単独の意味を求めるよりも沈殿を待つべきなのでしょう。

故郷の鎌倉には結婚初期の子育て時代にもほぼ三年間住むことになりました。鎌倉山の麓、田んぼで蛙が鳴いている、蛇が蛙をくわえて田んぼを滑っている、など。実は乱開発される直前でした。自分の勤務に影響したのは東大紛争、借家に電話がまだ引かれておらず電報で若手のひよっこの自分にまで臨時会議の連絡が。通勤も片道二時間かかっていました。気晴らしは「江夏、また巨人をひねる」など。それから東京に越し、以後は計六年間あまりの欧米生活を除くと約半分が東京で１９９０年以降は京都です。

疎開先の雲峰寺には数学科に進学して最初の夏休みに再訪、数週間涼しいところで勉強させていただきました。数学の原書と（口笛で楽しむため）楽譜もいくつか持参して。以前の大部屋は六畳間四つに仕切られていました。ひさしぶりにお会いしたお寺の方々は、口はぶっきらぼうなときでも目は親しみとやさしさにあふれていてそれが嬉しく、何か東京と違う……と感じました。他にも同様の目的で学生さんたちが滞在していました。一緒に大菩薩峠に登れるとよかった、とは後で思ったこと。

勉強に孤独感はつきもの——抽象的な思考に疲れた夕暮れどき、外縁に所在なく坐っていると杉木立からのカナカナ蟬の声がいかにも「短調」のフレーズに聴こえました。ミンミンゼミやツクツクボウシは鳴き始めてすぐ音程が「上がるところまで上がる」——ほら、オーシーツクツクのシーのところの最後、これ見よがしに上がりきるでしょう！——のに、カナカナは上がり切りませんから。その後台風（昭和三十四年台風七号）が来て土砂降りが二、三日続いてのある明け方、お寺のサイレンがけたたましく鳴り、近くで鉄砲水の被害が起きてしまったことが告げられました。寺の石段直下の沢も、ものすごい濁流。流れるのではなくバーンバーンと飛んでいるのです。我々にできることもなさそうで数日後帰京するため徒歩で塩山駅まで行く際にも、お寺の方に大変お世話になりました。

二十歳ごろまでの話のつもりが少し延びてしまいました。ここで終わりにいたしましょう。

コラム C6 勉強と（大学）受験勉強

ここは、もと大学教師のアドバイスです。大学に入って一息ついたら受験勉強で多かれ少なかれつき勝ちな悪癖に早く気付いてください。

手だけ先に動いていませんか。
よく分からないのに分かったふりをしていませんか。

実は分かっていない、ということが分かるのが「分かるの第一歩」。あわてずにゆっくり丁寧にやるだけでちがいます。手よりまず頭を使ってみましょう。障害物の多い山道では足だけでなく眼と頭を使わないと危ないように。

勉強は勝負のタネと思っていませんか。勉強の主な動機は競争意識でしたか。

じっくり構えて勉強そのものの面白さをまず感じとることができればそれだけ早く「エンジンがかかって加速する」だろうにもったいないと思います。

できれば高校時代からでも、まともなやり方の勉強をして基本的な実力をつけるほうがよいのですが。たとえば問題集に取り組むとき、答を見る前に十分考え吟味するのは当然として、答を見てからどうするかも大切、「あ、そうか！」という驚きがなければ、まだ分かっていない、そして驚けたら今度は

「なぜこれが分からなかったのだろう」

と悔しく思えることも肝心。それが理解を心に刻んだということ。また解答を「見る」だけでなく自分で丁寧に書いてみて初めて特定の一問を解いた以上の力がつくので、これが本当の勉強でした。沢山こなすより良い問題をしっかり。

早く済ませちゃおうでなく、本来楽しい筈のもの。じっくり楽しみましょう。

第2部　アルバム集

第2部　アルバム集　目次

小学一年学年末の絵日記集「のびてゆく」より

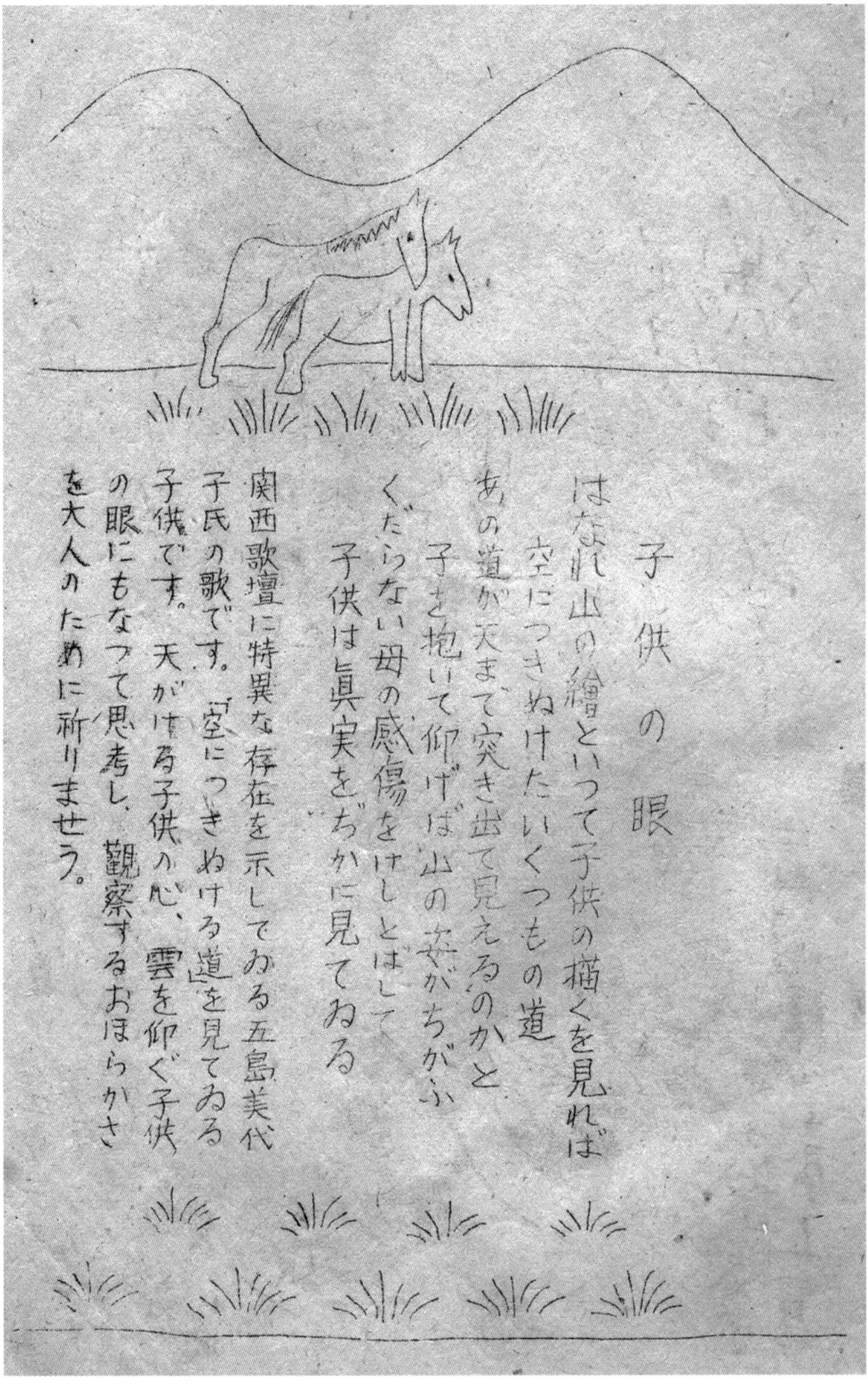

子供の眼

はなれ山の繪といつて子供の描くを見れば
空につきぬけたいくつもの道
あの道が天まで突き出て見えるのかと
子を抱いて仰げば山の姿がちがふ
くだらない母の感傷をけしとばして
子供は眞実をぢかに見てゐる

関西歌壇に特異な存在を示してゐる五島美代子氏の歌です。「空につきぬける道」を見てゐる子供です。天がける子供の心、雲を仰ぐ子供の眼にもなつて思考し、觀察するおほらかさを大人のために祈りませう。

巻頭言（中村亨先生）

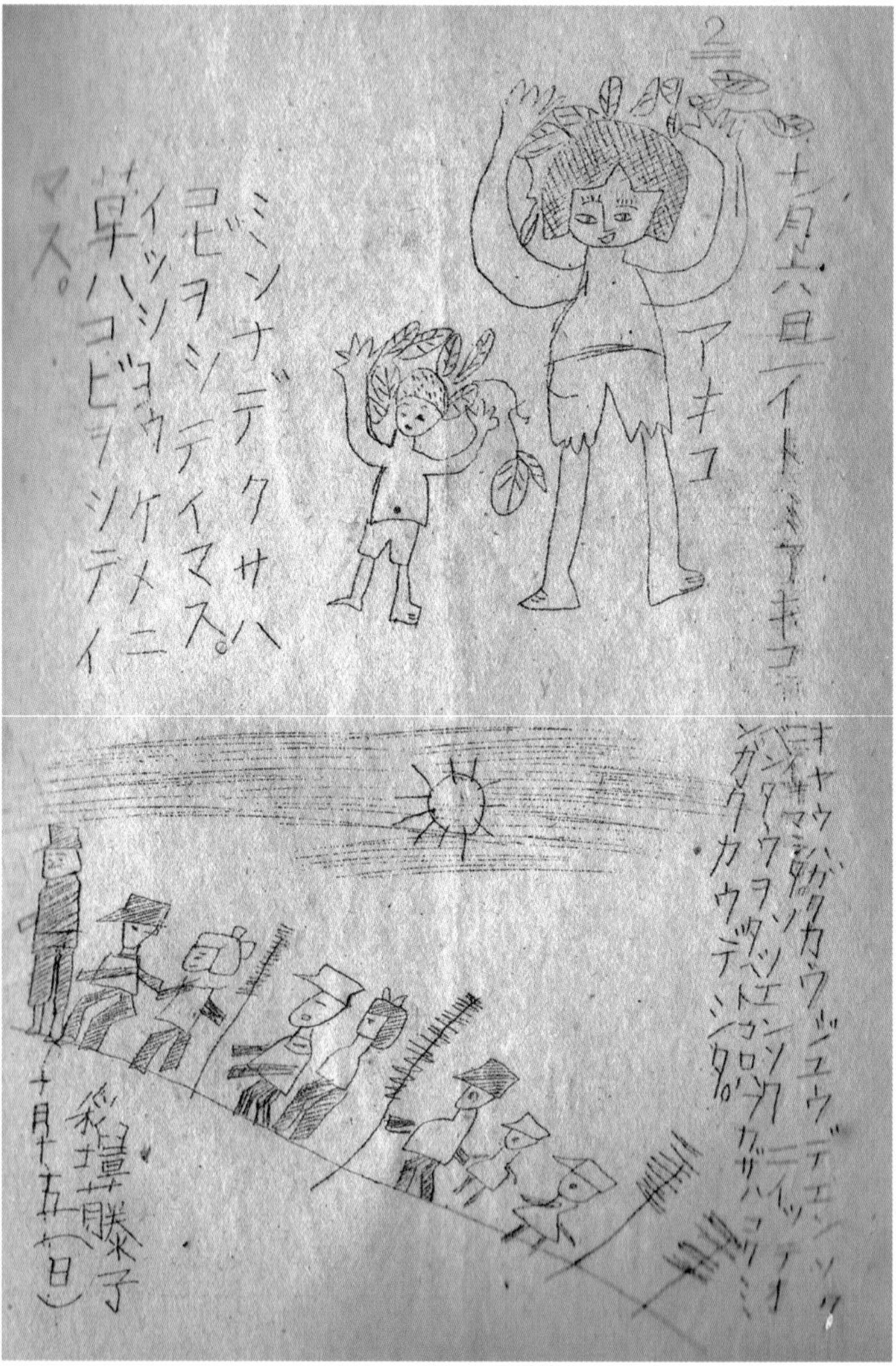

生徒の絵日記より 12 人分（6 枚）

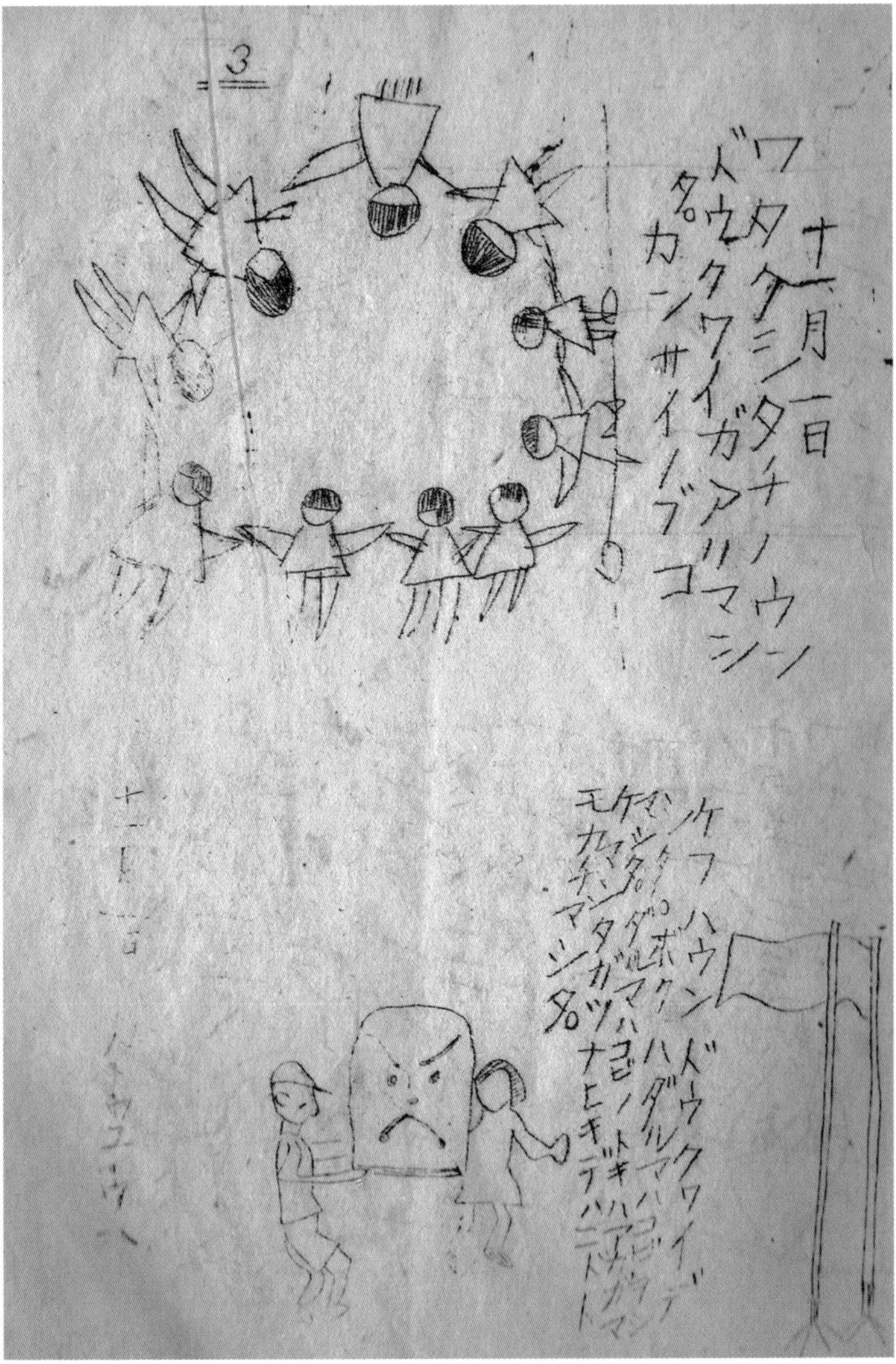

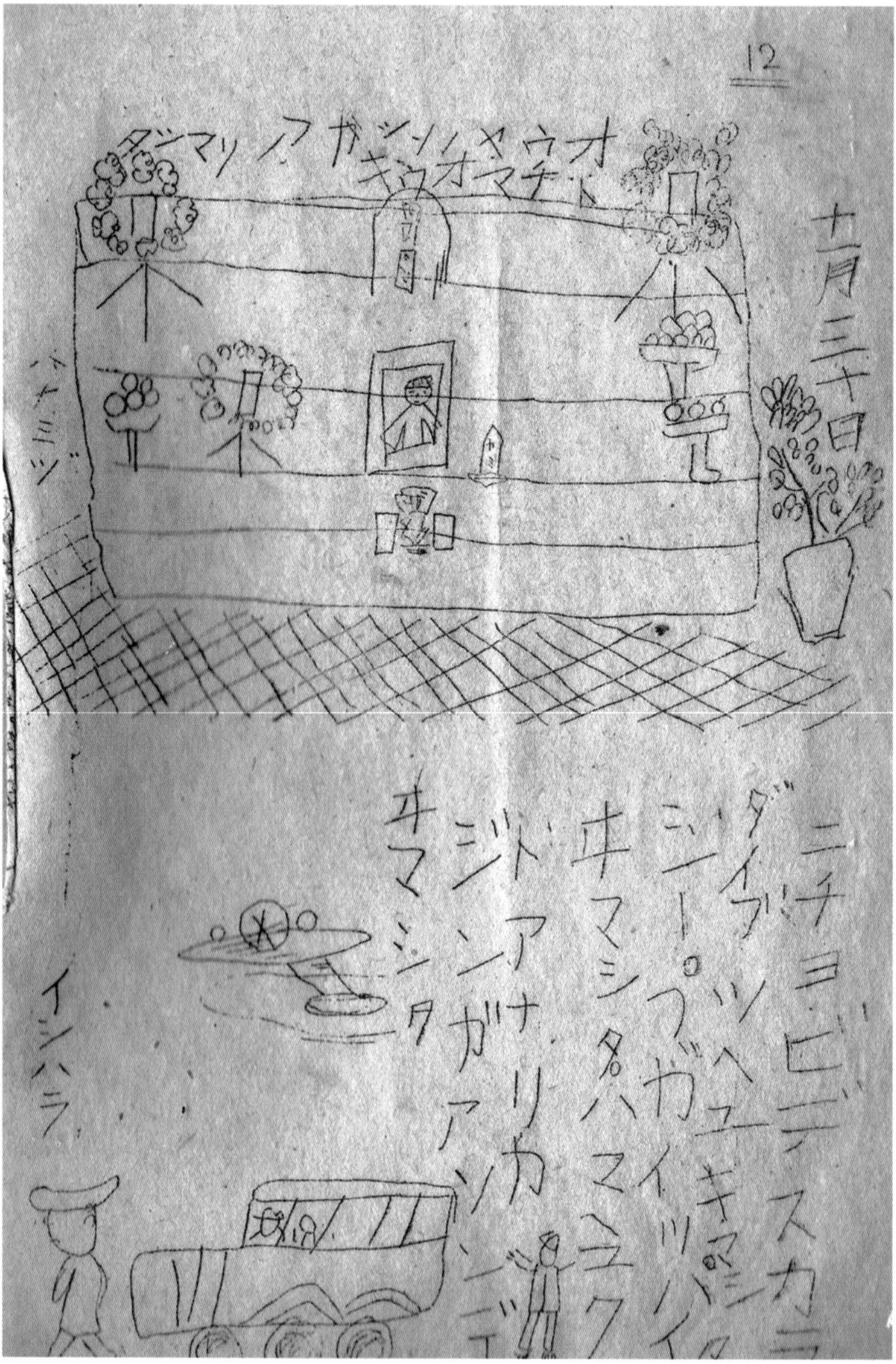
12
十月三十日
ハヤミヅ
ニチヨビデスカラ
ダイブツヘユキマシタ
イシハラ

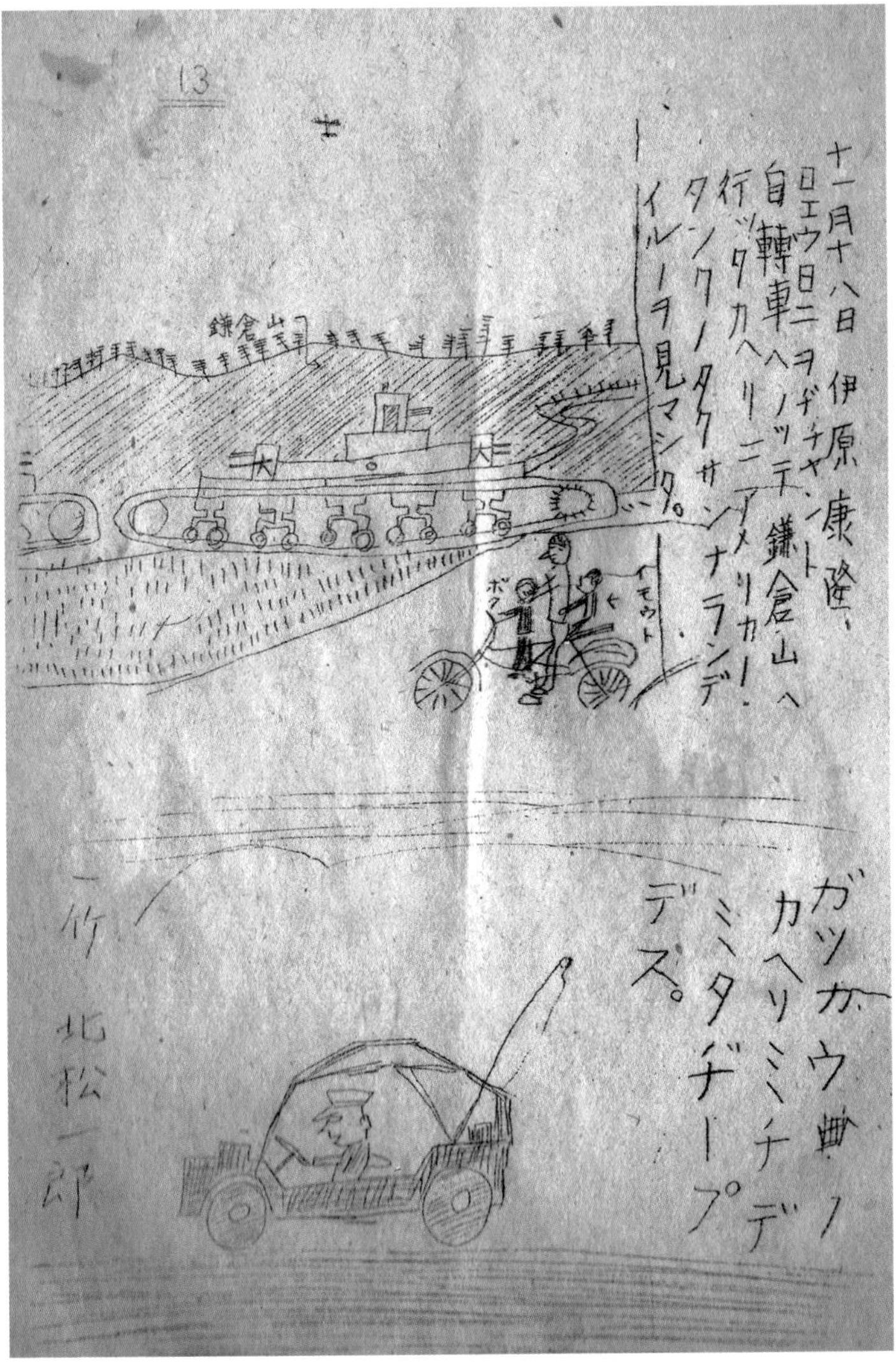
13
十一月十八日 伊原康隆、
日エウ日ニヨヂチヤント
自轉車ヘノッテ鎌倉山ヘ
行ッタカヘリニアメリカノ
タンクノタクサンナランデ
イルノヲ見マシタ。
鎌倉山
ボク
イモウト
ガッカウ曲ノ
カヘリミチデ
ミタヂープ
デス。
竹北松一郎

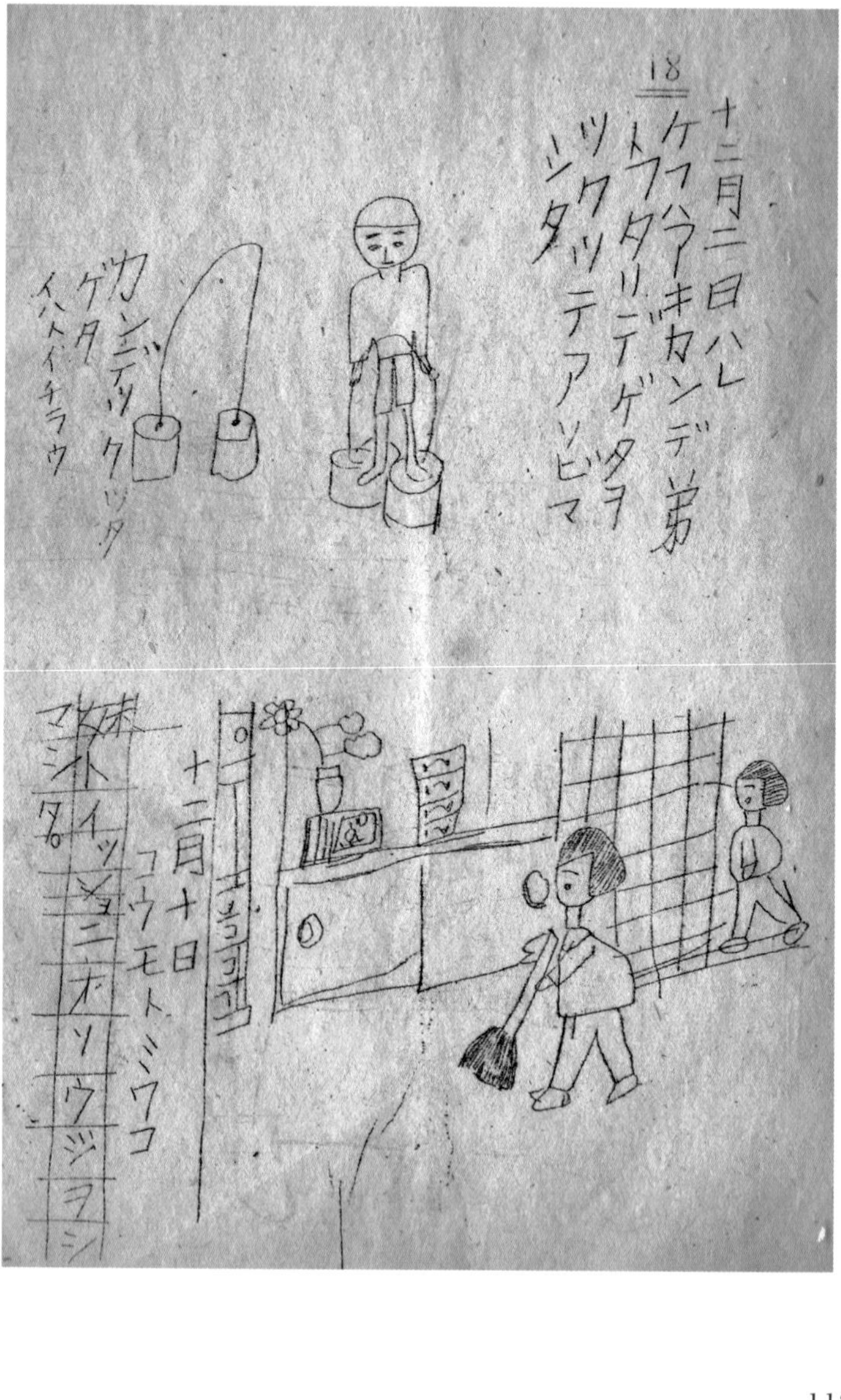
18
十二月二日ハレ
ケフハアキカンデ弟トフタリデゲタヲツクッテアソビマシタ
カンデツクッタゲタ
イハトイチラウ
十二月十日
コウモトミワコ
妹トイッショニオソウジヲシマシタ。

21
十二月十二日
ゲツヤウビ
ゴハンヲ、
タベテイルトコロデス
イグチヤスコ
十二月九日
ボールヲシテアソビマシタ
カトウキヨコ

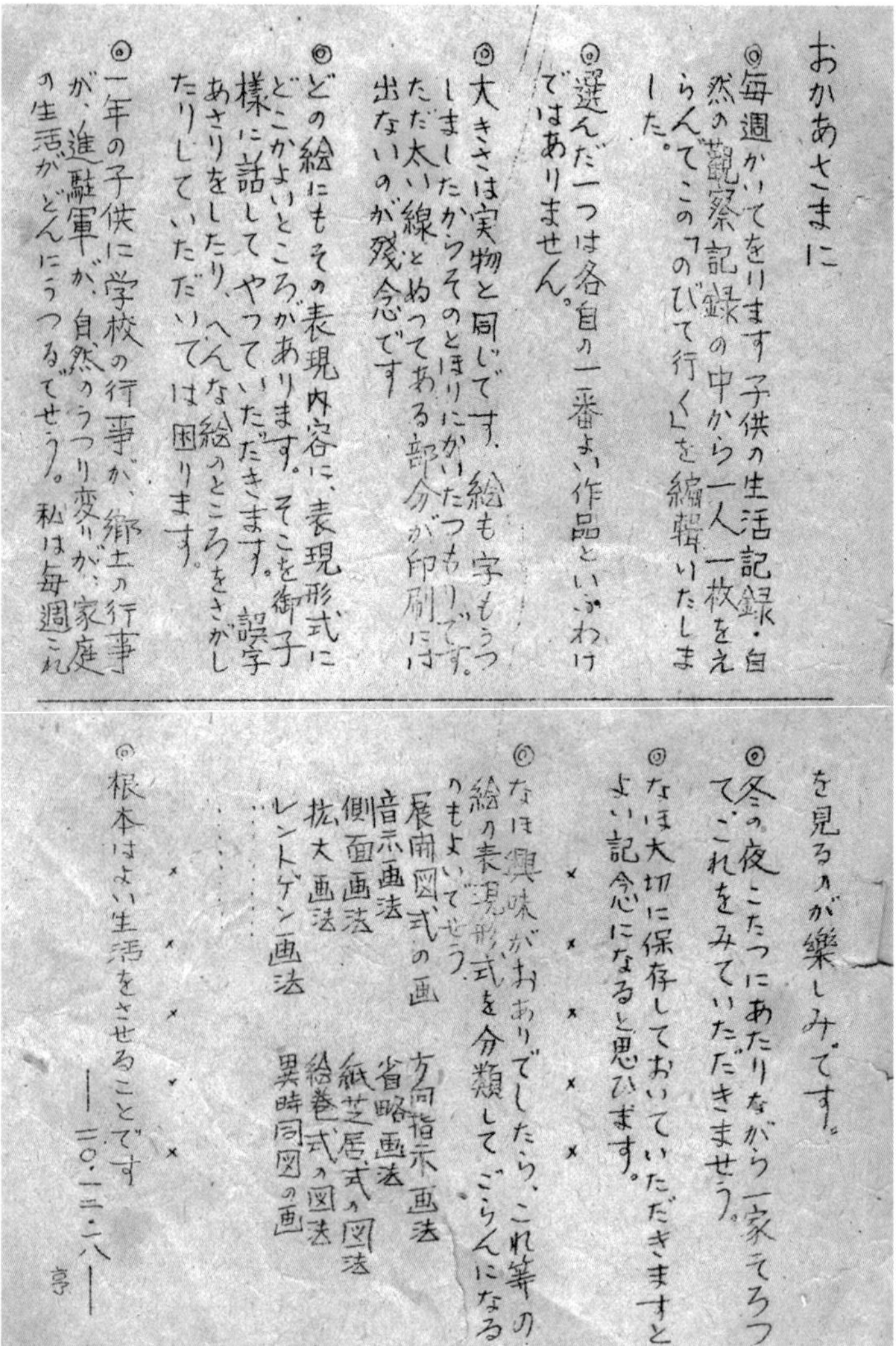

おかあさまに

◎毎週かいてをります子供の生活記録・自然の觀察記録の中から一人一枚をえらんでこの「のびて行く」を編輯いたしました。

◎選んだ一つは各自の一番よい作品といふわけではありません。

◎大きさは実物と同じです。絵も字もうつしましたからそのとほりにかいたつもりです。ただ太い線とぬってある部分が印刷には出ないのが残念です

◎どの絵にもその表現内容に、表現形式にどこかよいところがあります。そこを御子様に話してやっていただきます。誤字あさりをしたり、へんな絵のところをさがしたりしていただいては困ります。

◎一年の子供に学校の行事が、郷土の行事が、進駐軍が、自然のうつり変りが、家庭の生活がどんなにうつるでせう。私は毎週これを見るのが樂しみです。

◎冬の夜こたつにあたりながら一家そろってこれをみていただきませう。

◎なほ大切に保存しておいていただきますとよい記念になると思ひます。

× × × × ×

◎なほ興味がおありでしたら、これ等の絵の表現形式を分類してごらんになるのもよいでせう。

展開図式の画　方向指示画法
音示画法　省略画法
側面画法　紙芝居式の図法
拡大画法　絵巻式の図法
レントゲン画法　異時同図の画

× × × × ×

◎根本はよい生活をさせることです

—二〇・一二・二八—

亨

中村亨先生より「おかあさまに」

イギリスでの筆者の絵日記より（ロンドン）

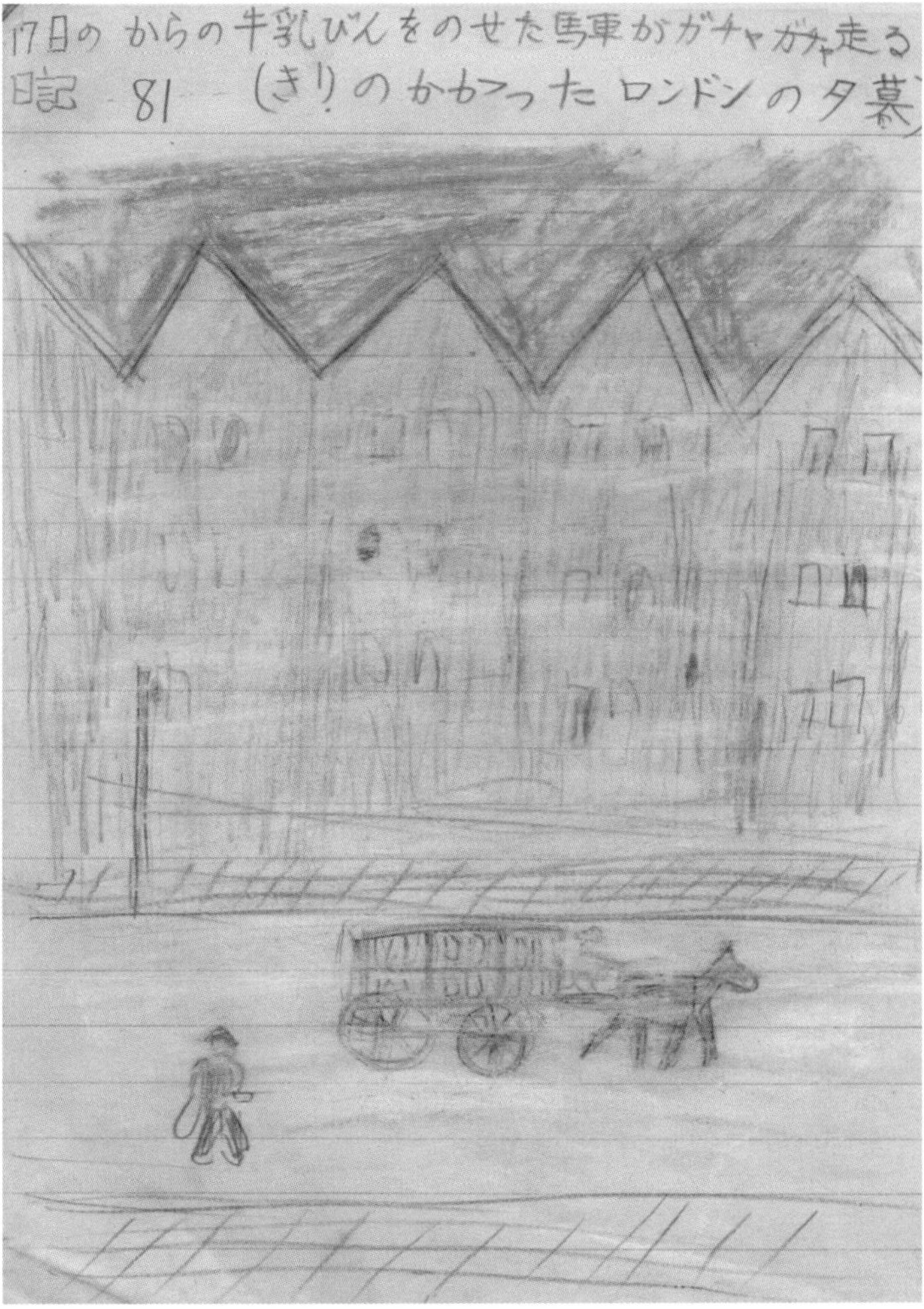

霧のロンドンの夕暮れ

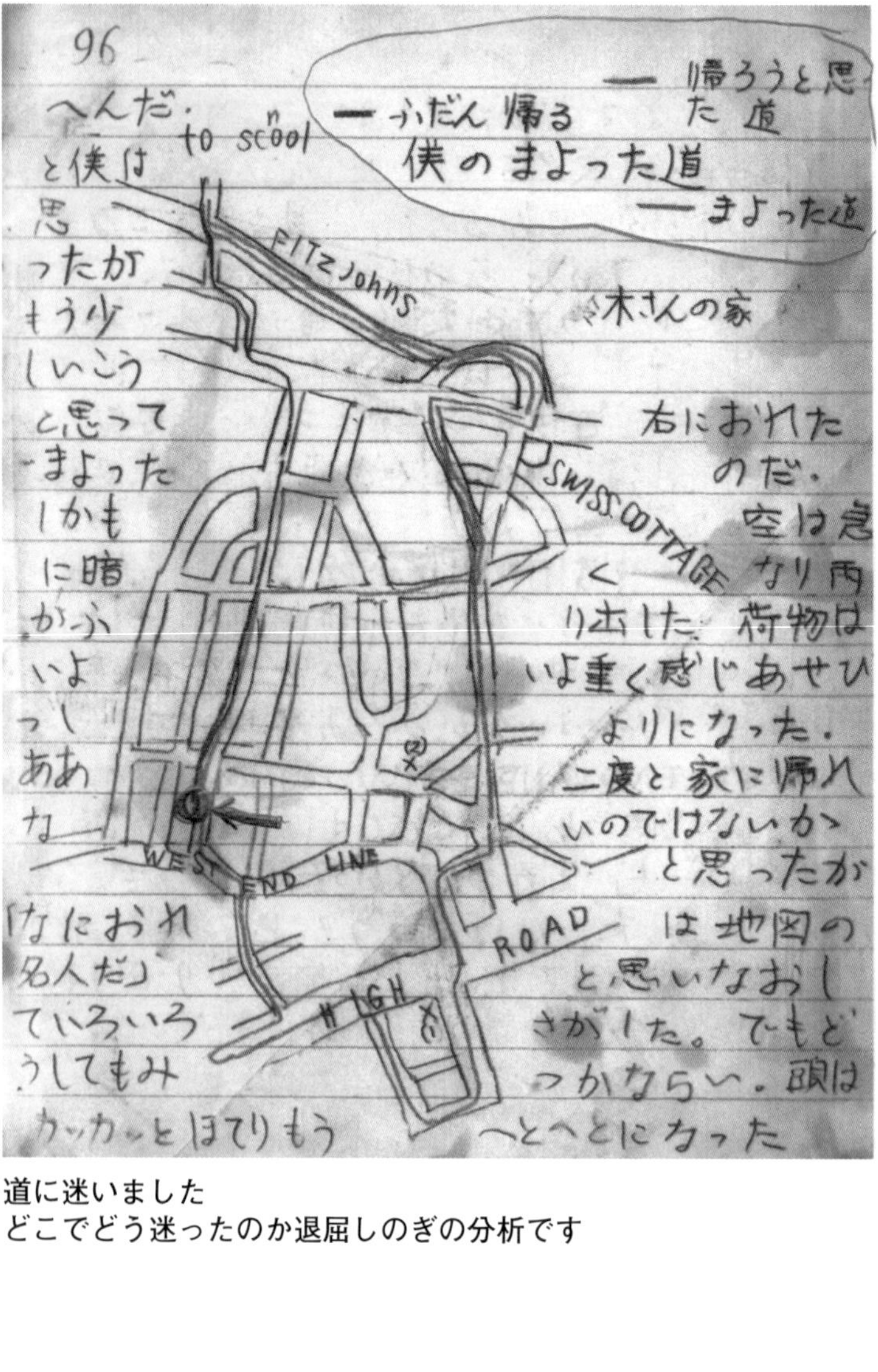
96
へんだ。
と僕は
思
ったが
もう少
しいこう
と思って
まよった
しかも
に暗
かふ
いよ
っし
ああ
な
なにおれ
名人だ」
ていろいろ
うしてもみ
カッカッとほてりもう
帰ろうと思
た道
ふだん帰る
僕のまよった道
まよった道
to scool
FITZ JOHNS
木さんの家
右におれた
のだ。
SWISS COTTAGE
空は急
く　なり雨
り出した。荷物は
いよ重く感じあせび
よりになった。
二度と家に帰れ
いのではないか
と思ったが
は地図の
と思いなおし
さがした。でもど
つかならい。頭は
へとへとになった
WEST END LINE
HIGH ROAD

道に迷いました
どこでどう迷ったのか退屈しのぎの分析です

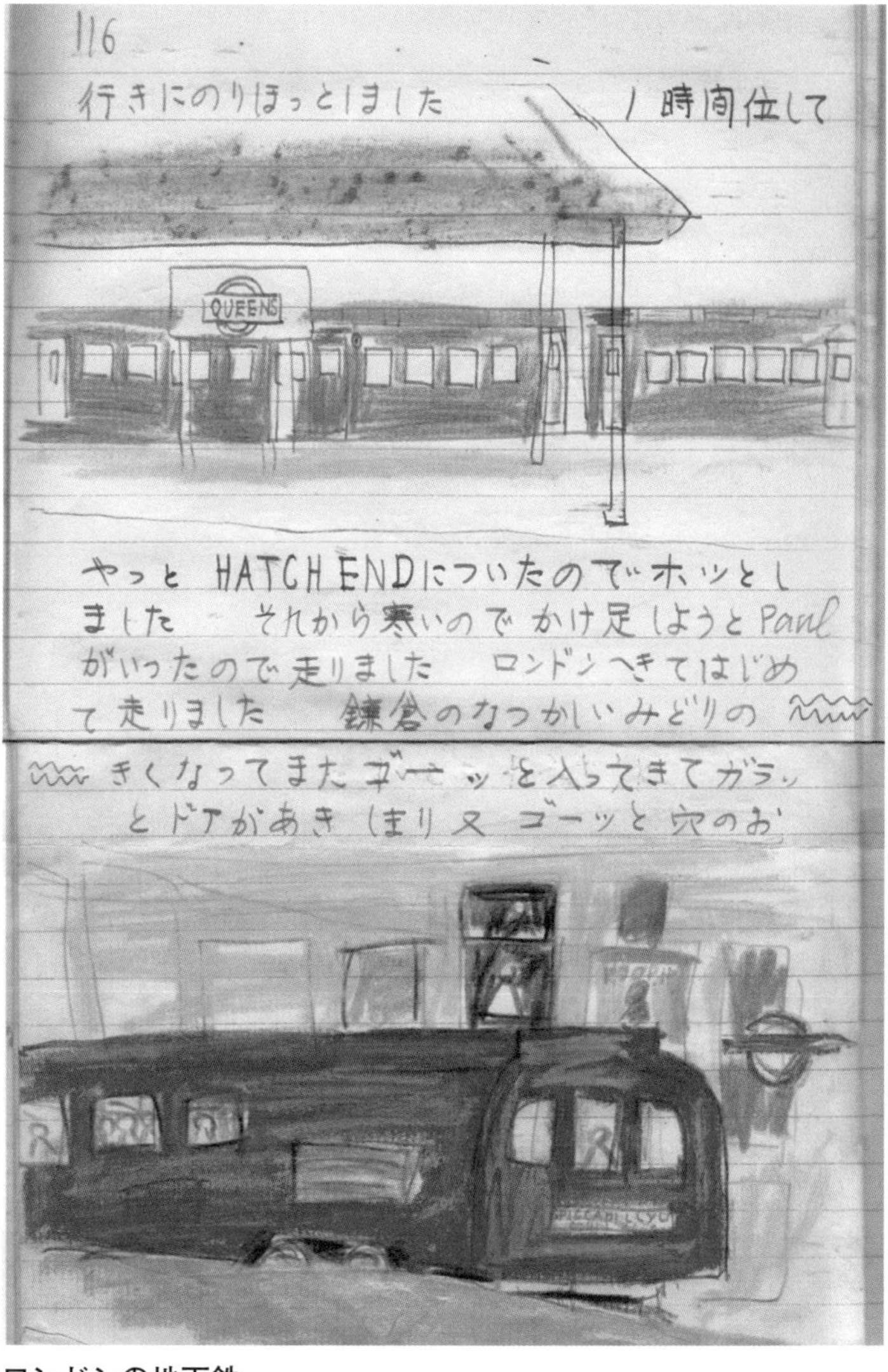
116
行きにのりほっとほました　1時間位して
QUEENS
やっと HATCH ENDについたのでホッとしました　それから寒いので かけ足しようとPaulがいったので走りました　ロンドンへきてはじめて走りました　鎌倉のなつかしいみどりの
きくなってまたゴーッと入ってきてガラッとドアがあき しまり又 ゴーッと穴のお

ロンドンの地下鉄

セントポール寺院と戦争での瓦礫

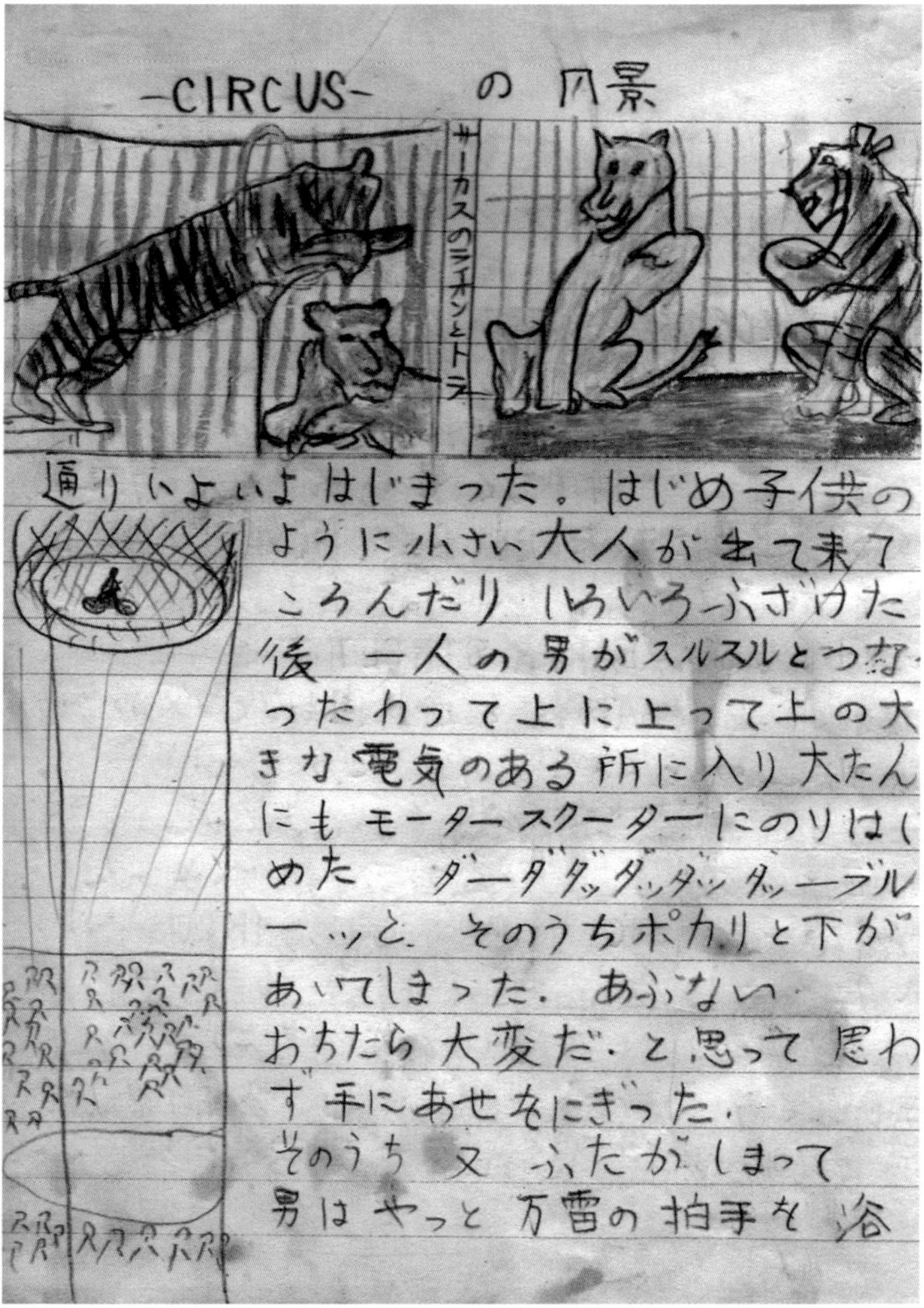
-CIRCUS-　の風景
サーカスのライオンとトラ
通りいよいよはじまった。はじめ子供の
ように小さい大人が出て来て
ころんだりいろいろふざけた
後一人の男がスルスルとつな
つたわって上に上って上の大
きな電気のある所に入り大たん
にもモータースクーターにのりはじ
めた　ダーダダッダッダッダッーブル
ーッと。そのうちポカリと下が
あいてしまった。あぶない
おちたら大変だ。と思って思わ
ず手にあせをにぎった。
そのうち又ふたがしまって
男はやっと万雷の拍手を浴

サーカス妙技（1）

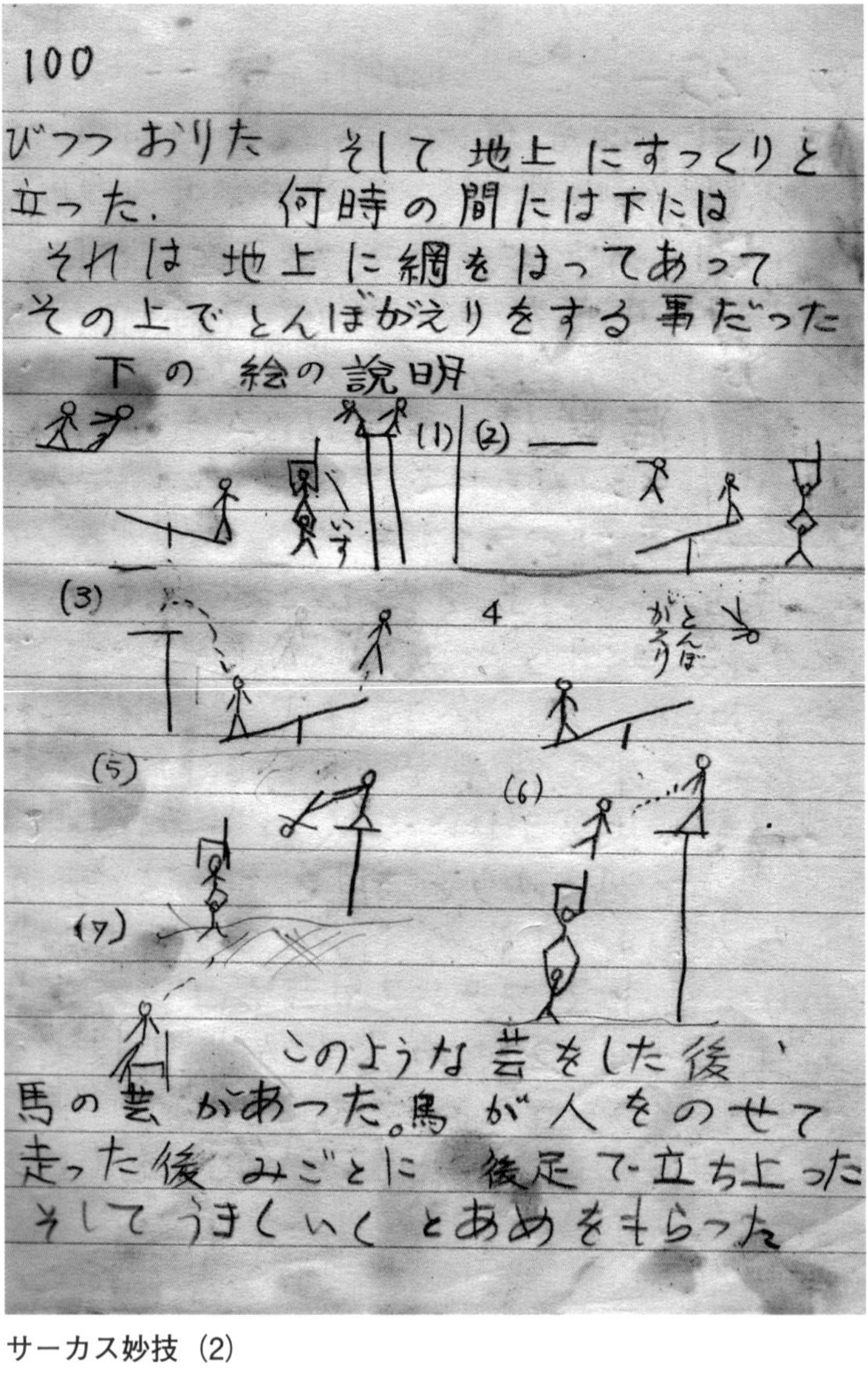
100

びつつおりた　そして地上にすっくりと
立った．　何時の間には下には
それは地上に網をはってあって
その上でとんぼがえりをする事だった
下の絵の説明

このような芸をした後、
馬の芸があった。馬が人をのせて
走った後みごとに後足で立ち上った
そしてうまくいくとあめをもらった

サーカス妙技（2）

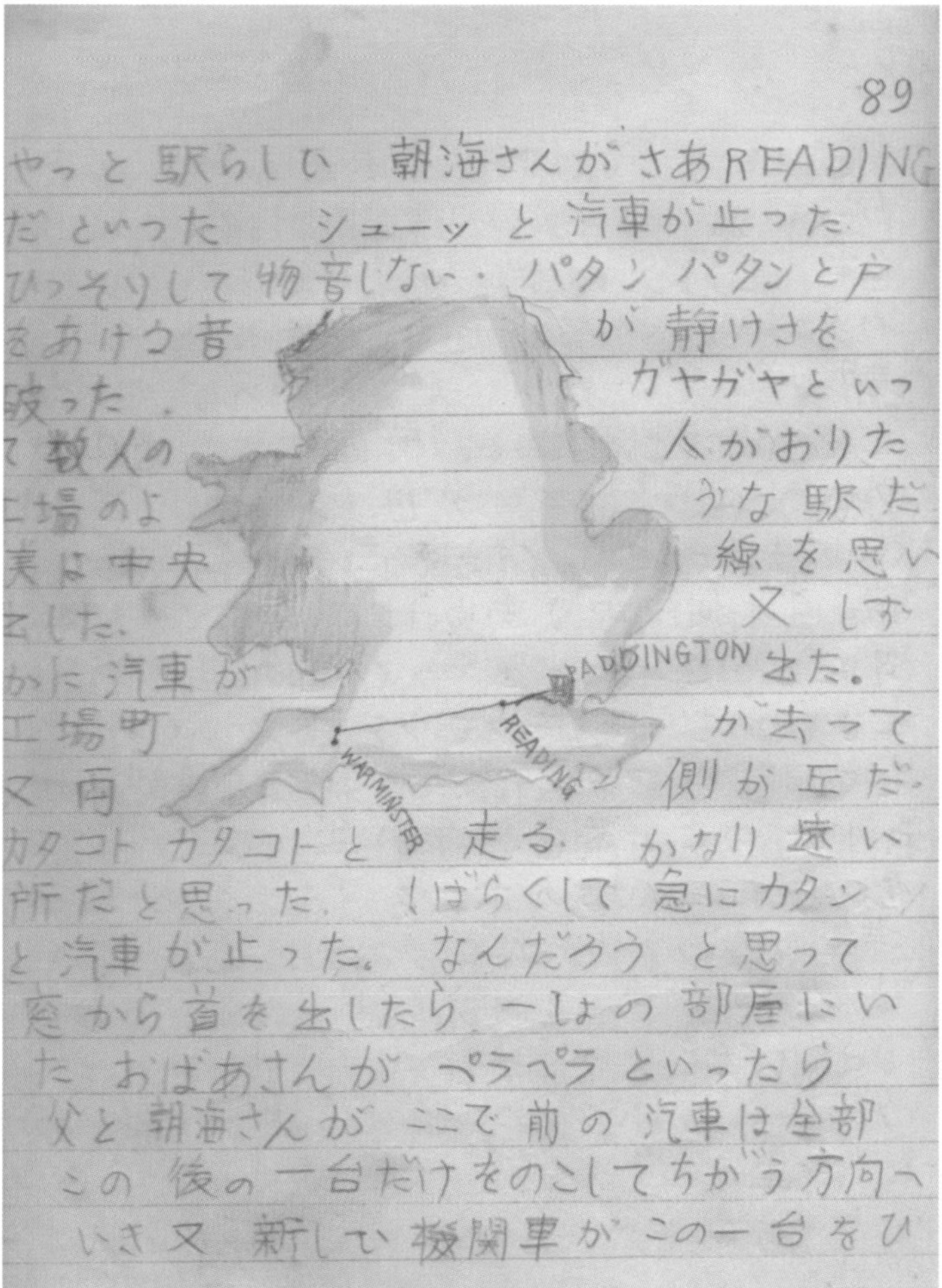

89
やっと駅らしい　朝海さんがさあREADING
だといった　シューッと汽車が止った
ひっそりして物音しない・パタンパタンと戸
をあける音　が静けさを
破った。　ガヤガヤといっ
て数人の　人がおりた
工場のよ　うな駅だ
実は中央　線を思い
出した。　又しず
かに汽車が　出た。
工場町　が去って
又両　側が丘だ
カタコトカタコトと走る　かなり遠い
所だと思った。しばらくして急にカタン
と汽車が止った。なんだろうと思って
窓から首を出したら一しょの部屋にい
たおばあさんがペラペラといったら
父と朝海さんがここで前の汽車は全部
この後の一台だけをのこしてちがう方向へ
いき又新しい機関車がこの一台をひ

ウォーミンスター校の下見に（1）

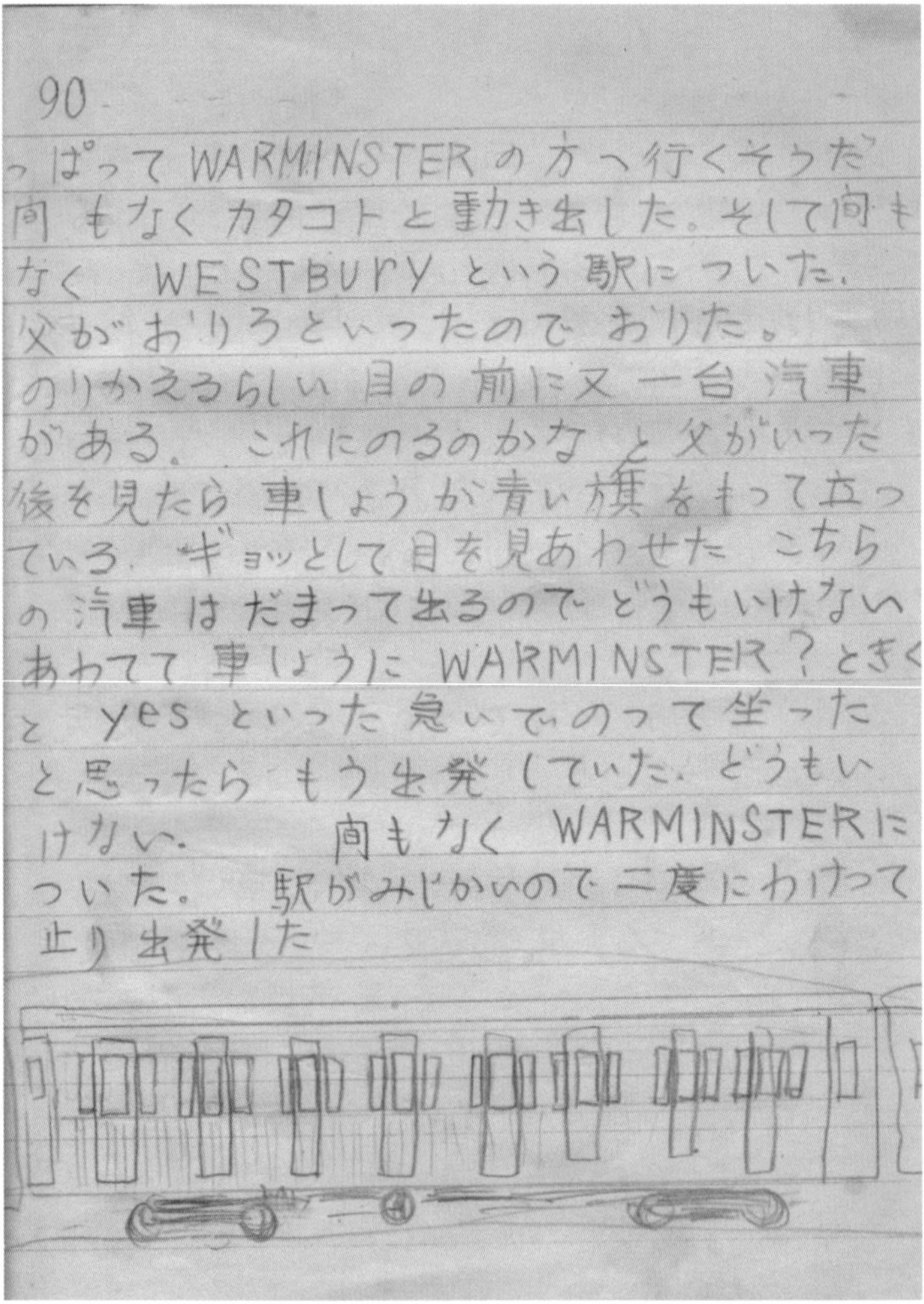

90

っぱって WARMINSTER の方へ行くそうだ
向もなくカタコトと動き出した。そして向も
なく WESTBURY という駅についた。
父がおりろといったのでおりた。
のりかえるらしい目の前に又一台汽車
がある。これにのるのかなと父がいった
後を見たら車しょうが青い旗をもって立っ
ている。ギョッとして目を見あわせた こちら
の汽車はだまって出るのでどうもいけない
あわてて車しょうに WARMINSTER? ときく
と yes といった急いでのって坐った
と思ったらもう出発していた。どうもい
けない。 向もなく WARMINSTER に
ついた。 駅がみじかいので二度にわけって
止り出発した

ウォーミンスター校の下見に (2)

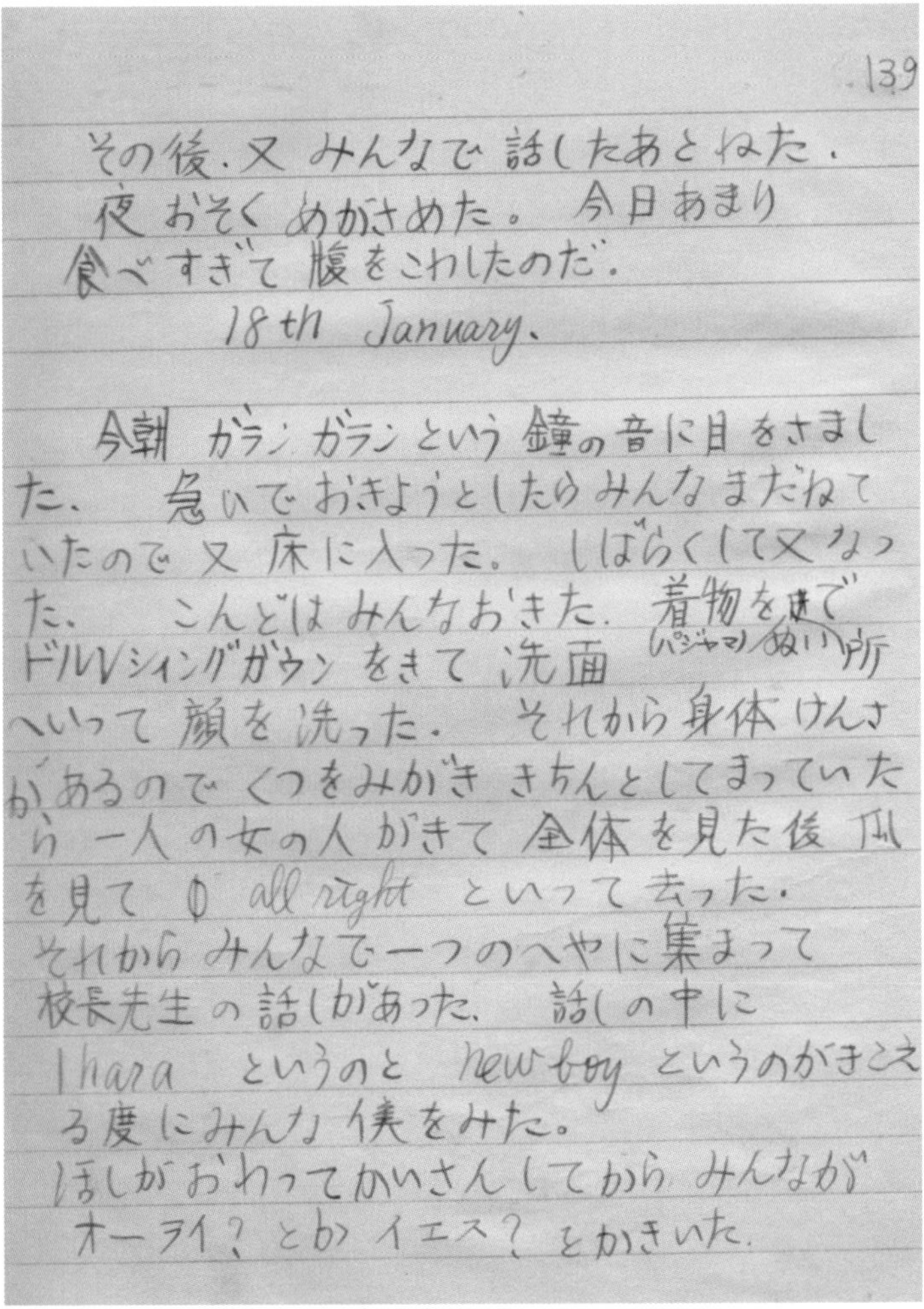
139

その後.又みんなで話したあとねた.
夜おそくめがさめた。今日あまり
食べすぎて腹をこわしたのだ.

18th January.

今朝ガランガランという鐘の音に目をさまし
た、急いでおきようとしたらみんなまだねて
いたので又床に入った。しばらくして又なっ
た、こんどはみんなおきた. 着物を(パジャマ)ぬいで
ドルレシィングガウンをきて洗面所
へいって顔を洗った. それから身体けんさ
があるのでくつをみがききちんとしてまっていた
ら一人の女の人がきて全体を見た後爪
を見て all right といって去った.
それからみんなで一つのへやに集まって
校長先生の話しがあった、話しの中に
Ihara というのと new boy というのがきこえ
る度にみんな僕をみた。
話しがおわってかいさんしてからみんなが
オーライ?とかイエス?とかきいた.

寄宿舎２日目（1）

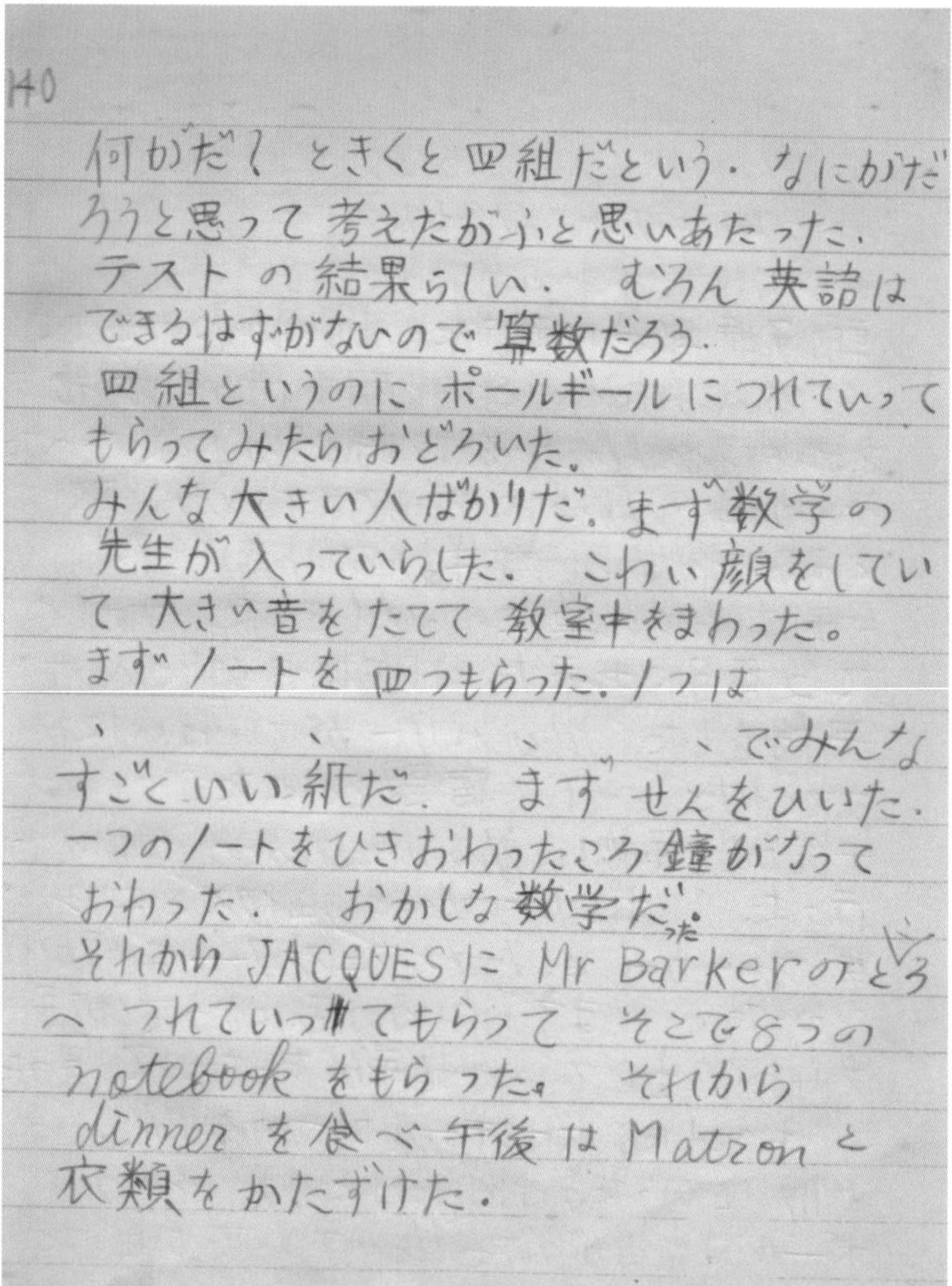
140
何がだ？ときくと四組だという。なにかだろうと思って考えたがふと思いあたった。

テストの結果らしい。むろん英語はできるはずがないので算数だろう。

四組というのにポールギールにつれていってもらってみたらおどろいた。

みんな大きい人ばかりだ。まず数学の先生が入っていらした。こわい顔をしていて大きい音をたてて教室中をまわった。

まずノートを四つもらった。1つは
、　、　、　、でみんなすごくいい紙だ。まずせんをひいた。

一つのノートをひきおわったころ鐘がなっておわった。おかしな数学だった。

それからJACQUESにMr Barkerのところへつれていってもらってそこで8つのnotebookをもらった。それからdinnerを食べ午後はMatronと衣類をかたずけた。

寄宿舎２日目（2）

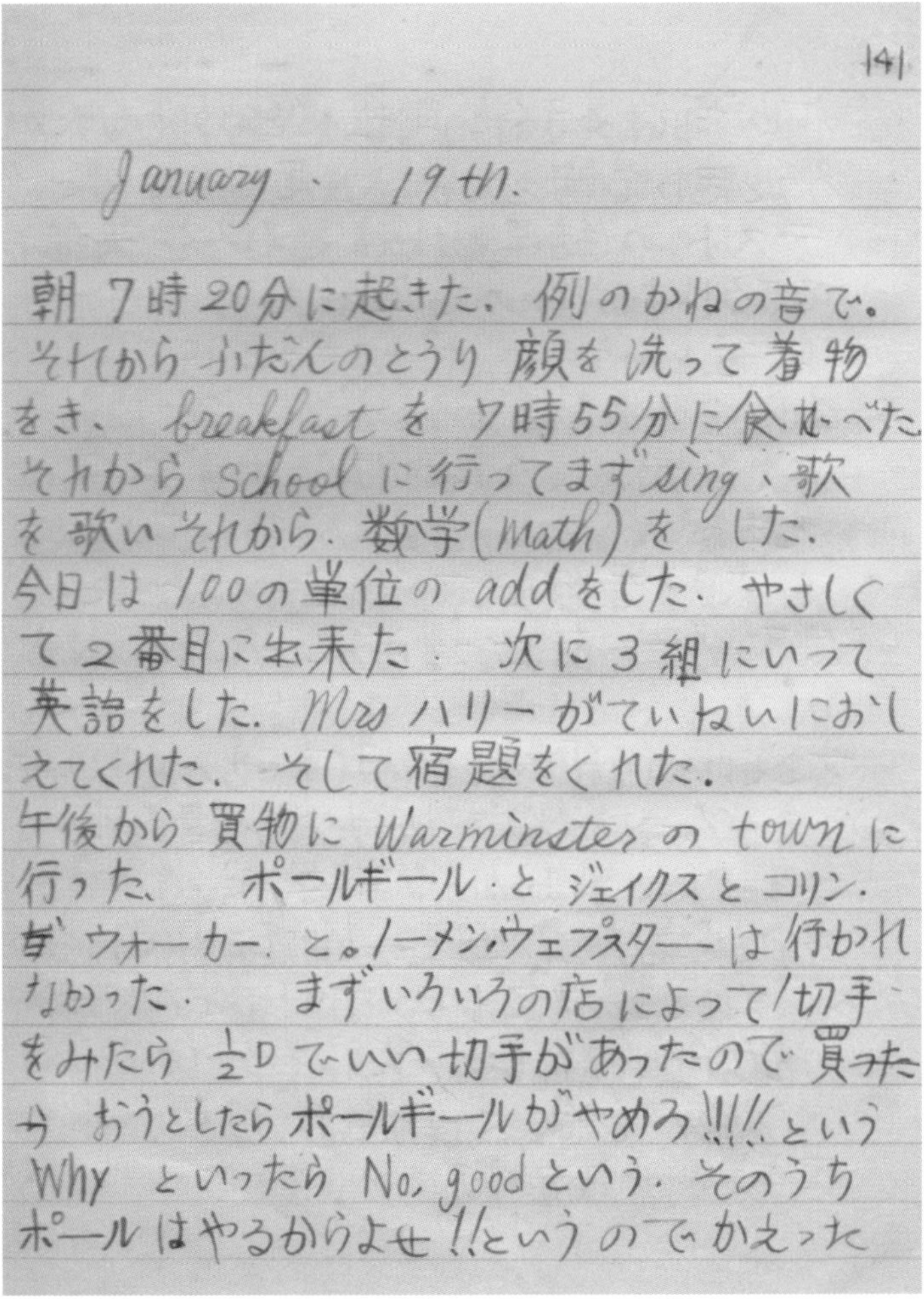
141

January 19th.

朝 7時20分に起きた。例のかねの音で。
それからふだんのとうり 顔を洗って着物
をき、breakfastを 7時55分に食むべた
それから schoolに行ってまずsing、歌
を歌いそれから. 数学(math)をした.
今日は100の単位の addをした. やさしく
て２番目に出来た. 次に３組にいって
英語をした. Mrs ハリーがていねいにおし
えてくれた. そして宿題をくれた.
午後から買物に Warminster の town に
行った、ポールギール・と ジェイクスと コリン.
ザウォーカー. と。ノーメン・ウェブスター は行かれ
なかった. まずいろいろの店によって切手
をみたら ½D でいい切手があったので 買った
う おうとしたらポールギールがやめろ!!!!!という
Why といったら No, good という. そのうち
ポールはやるからよせ!!というのでかえった

授業はじめ

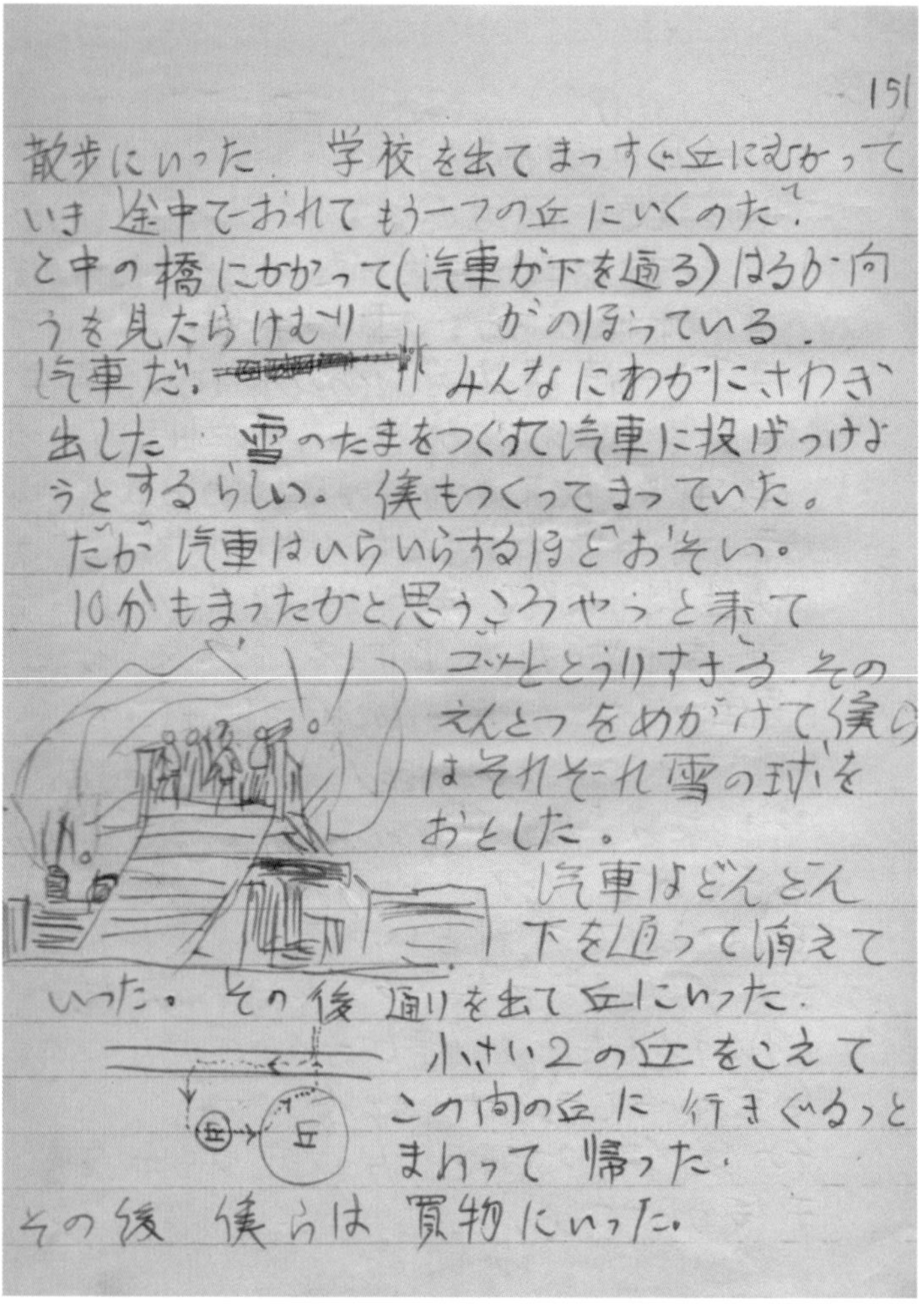

151

散歩にいった。学校を出てまっすぐ丘にむかっていき途中でおれてもう一つの丘にいくのだ。

と中の橋にかかって(汽車が下を通る)はるか向うを見たらけむり　がのぼっている。

汽車だ。みんなにわかにさわぎ出した。雪のたまをつくって汽車に投げつけようとするらしい。僕もつくってまっていた。

だが汽車はいらいらするほどおそい。

10分もまったかと思うころやっと来て
ゴットとうりすぎる。そのえんとつをめがけて僕らはそれぞれ雪の球をおとした。

汽車はどんどん下を通って消えていった。その後通りを出て丘にいった。

小さい2の丘をこえてこの向の丘に行きぐるっとまわって帰った。

その後僕らは買物にいった。

雪の日の悪戯

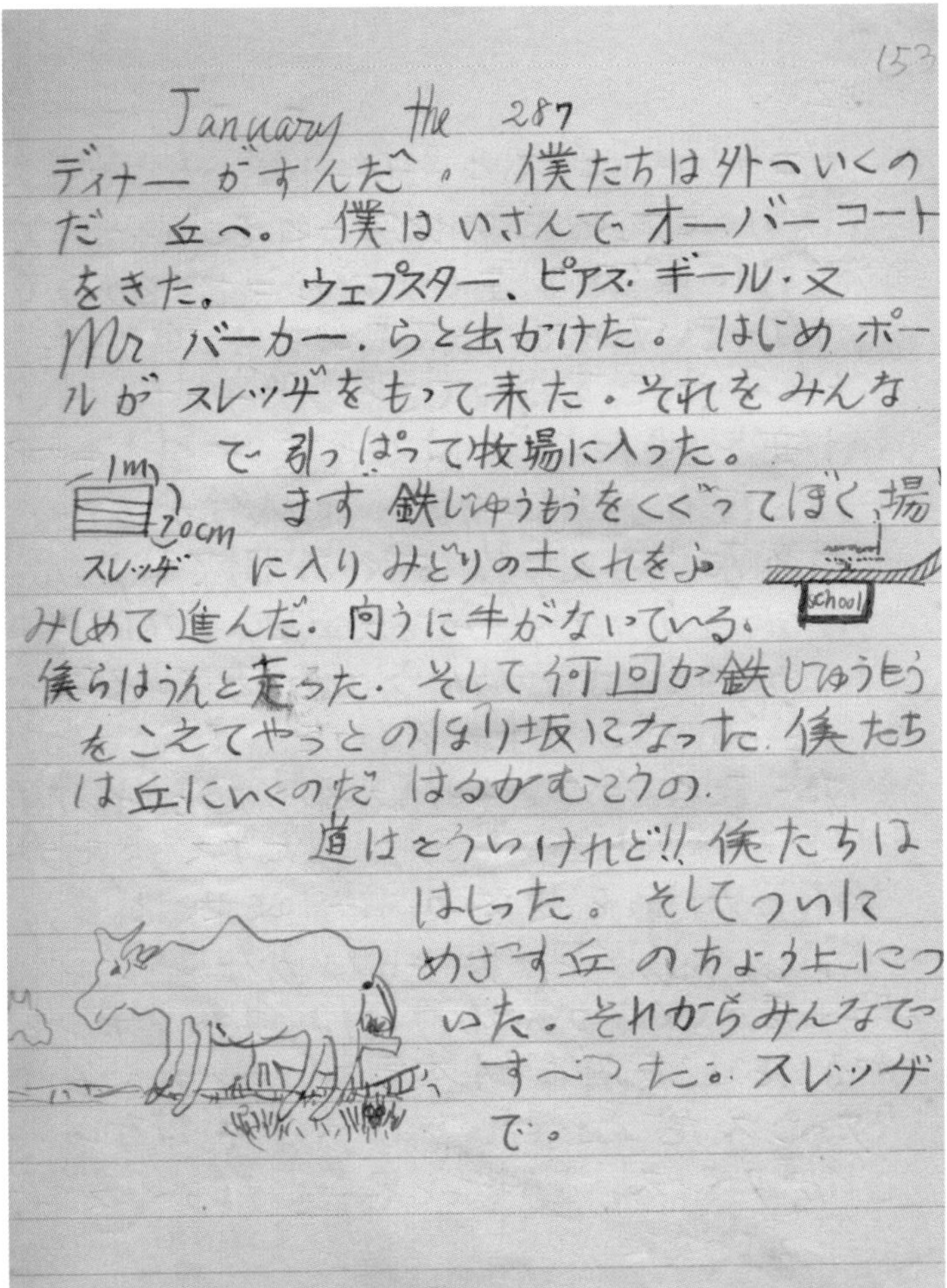

153

January the 287

ディナーがすんだ。僕たちは外へいくのだ 丘へ。僕はいさんでオーバーコートをきた。ウェブスター、ピアス・ギール・又Mr バーカー、らと出かけた。はじめポールがスレッヂをもって来た。それをみんなで引っぱって牧場に入った。

1m
20cm
スレッヂ

まず鉄じゅうもうをくぐってぼく場に入りみどりの土くれをふみしめて進んだ。向うに牛がないている。

school

僕らはうんと走った。そして何回か鉄じゅうもうをこえてやっとのぼり坂になった。僕たちは丘にいくのだ はるかむこうの。道はとおいけれど!! 僕たちははしった。そしてついにめざす丘のちょう上についた。それからみんなですべった。スレッヂで。

牧場にて

ハリー先生ご夫妻との再会

約 40 年後の 1993 年 6 月、ロンドン郊外の先生のご自宅で

おわりに

この原稿を書いて嬉しかったこと、その一つは書くことで脳内に新しい流れが生じて様々な再認識——お世話になった方々についてなど——につながったこと、そして出版が決まり推敲を重ねることで細部の淀みにも流れが行き渡る、いわゆる心の洗濯気分をも味わえたことでした。「書くこと」はお勧めです！

一方「陰の声」も余計聞こえてきました。「小さな大人になりたくない」は原点でしたが、「お前、大きな子供の期間も長かったよなー」（良くて「永遠の青年か？」とか）。うーん、でも（だから？）二十歳までなのです！

では現在はどうか。シェイクスピアの悲劇「リア王」に

（十分）賢くなる前に年を取ってしまっていては駄目ですぜ

Thou shouldst not have been old till thou hadst been wise

（第一幕の最後「道化師」原語で“*fool*”が王様に）があり、ある時期から筆者は自戒用

としております。ではどうしたら賢くなれるか。職業や性格上、幅広い社会活動を通しては難しい。勉強して自分を変えていく、なるべく幅広い読書、とくに名著の精読――自分でイメージを作ってみながら――それに加えて友人、家族との率直な会話、それぞれがとても助けになっております。

ところでリア王が道化師に冗談めかして指摘された愚かさは、三人の娘との率直な会話が足りずに*fool*君には見抜けていた大切なことが見抜けず自らの破滅を招いたことでしょう。この場合と全く違いはしますが、広い意味で、筆者にも予想外に大切だったのは成長期の子供たちの眼による「生の感想」だったような気がします。子供の眼の大人にとっての重要性を次世代から改めて教わったのでした。なお「教師時代に生徒さんたちからもあまたでしたが……おっと、これも範囲外。

（謝辞）この出版にあたりさらに多くの方々に大変お世話になりました。励まして下さった方々、部分の確認に協力して下さった旧友達、「ここはわかりにくい」と指摘してくれた家族など。

そして三省堂書店／創英社出版事業部の加藤歩美氏からは行き届いた裏付け確認と的確なアドバイスをいただくことができ大いに助けられました。

ここに皆様方に厚く御礼申し上げます。

著者略歴

伊原康隆（いはら　やすたか）
1938 年 5 月 3 日東京都生まれ。理学博士。東京大学と京都大学名誉教授、日本学士院賞（98 年）、著書『志学数学』（丸善出版）。63 年 3 月東京大学数物系大学院修士課程修了後、勤務先の東京大学理学部（90 年まで）と京都大学数理解析研究所（02 年まで）を本拠地に、欧米の諸大学を主な中期滞在先に、数学（おもに整数論）の研究と教育に携わった。趣味は声楽、水泳、分子生物学。

とまどった生徒にゆとりのあった先生方
——遊び心から本当の勉強へ——

2021 年 4 月 20 日　初版発行
著　者　　伊原康隆
発行・発売　株式会社三省堂書店／創英社
〒101-0051　東京都千代田区神田神保町1-1
Tel：03-3291-2295　Fax：03-3292-7687
印刷／製本　三省堂印刷株式会社

ISBN978-4-87923-091-1　C0095